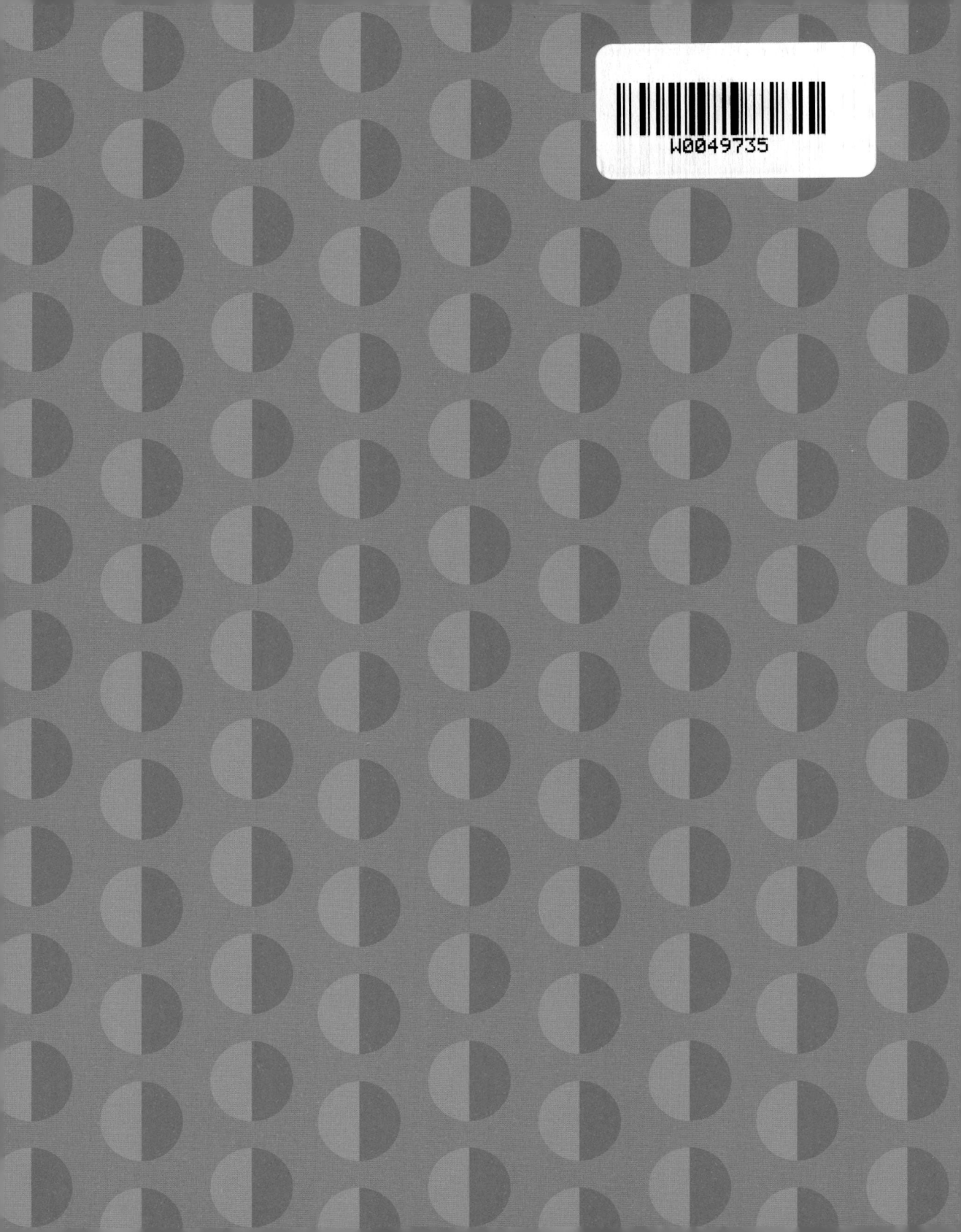

SHAKESPEARE
IN 30 SEKUNDEN

SHAKESPEARE
IN 30 SEKUNDEN

Die wichtigsten Aspekte zu
Leben, Werk und Vermächtnis

Herausgegeben von
Ros Barber

Mit einem Vorwort von
Mark Rylance

Mit Beiträgen von
Ros Barber
Jessica Dyson
Andrew James Hartley
Margrethe Jolly
Claire van Kampen
Kirk Melnikoff
Lynn Robson
Lee Joseph Rooney
Earl Showerman
Robin Williams

Illustriert von
Ivan Hissey

Librero

Titel der Originalausgabe »30-Second Shakespeare«

© 2016 Librero IBP (für die deutsche Ausgabe)
Postbus 72, 5330 AB Kerkdriel, Niederlande

© 2015 Ivy Press Limited

Künstlerische Leitung Peter Bridgewater
Verleger Susan Kelly
Redaktionsleitung Tom Kitch
Art Director Michael Whitehead
Leitender Redakteur: Caroline Earle
Gesamtleitung Jacqui Sayers
Gestaltung Ginny Zeal
Illustrationen Ivan Hissey
Bildbeschaffung Katie Greenwood
Glossartexte Ros Barber

Aus dem Englischen von Adrian Greiner
Lektorat & Satz: G & R Vilnius, Lietuva

Gedruckt und gebunden in China

ISBN 978-90-8998-663-4

INHALT

VORWORT
Mark Rylance

Nur 30 Sekunden? Rezitiere ich Shakespeare in

30 Sekunden, schaffe ich es im Monolog »Sein oder Nichtsein« nur bis zum »Ja, da liegts«? Nun gut, ich bin notorisch langsam. »Abgehen oder nicht abgehen. Leg einen Zahn zu«, musste ich mir hinter der Bühne anhören, als ich Hamlet spielte. Ich bekam einmal mit, wie zwei Darsteller auf der Bühne des *Globe Theatre* darum wetteiferten, wer »Sein oder Nichtsein« schneller vortragen könne. Colin Hurley erwies sich an diesem Abend als der schnellste Hamlet aller Zeiten. Ich habe ihm gerade eine SMS geschrieben. »Ich glaube, es waren so um die 32 Sekunden«, schreibt er zurück, »nur ein bisschen schneller und Teile des Textes wären verloren gegangen.«

Die Wertschätzung von Sprechtempo ist nichts Neues. Hermogenes, ein griechischer Philosoph des 2. Jahrhunderts, pries Geschwindigkeit als eine der sieben wesentlichen Qualitäten eines perfekten Redners. Geschwindigkeit lässt eine Rede lebendig und wechselhaft erscheinen, sagte er. Ich stimme ihm zu: angemessene Geschwindigkeit. Klarheit, Erhabenheit, Schönheit, Ethos, Authentizität und Schicklichkeit waren die anderen wesentlichen Merkmale eines eloquenten Redners. Eloquenz wird im großen Oxford Wörterbuch als Handlung, Praxis oder Kunst definiert, die Gedanken mit Gewandtheit, Kraft und Angemessenheit ausdrückt, um dadurch an die Vernunft zu appellieren oder Gefühle hervorzurufen.

Was ist also das angemessene Sprechtempo, um Shakespeare zu genießen? 30 Sekunden? Von mir aus. In 30 Sekunden kann ich sagen: »Häng hier als Frucht, mein Leben, bis der Baum stirbt«. Ich könnte es wiederholen und hätte immer noch Zeit für: »Wir sind solcher Stoff, aus dem Träume entstehen«, oder: »Die Zeit trägt einen Ranzen auf dem Rücken«. Das sollte erst einmal genug sein für meine Vernunft und meine Gefühle. Und so, in den Worten der Figur Speed (*Zwei Herren aus Verona*), empfehle ich Dich, *30 Sekunden Shakespeare*-Buch, meinem Meister, William Shakespeare, und wünsche Dir viel Erfolg in der ganzen Welt.

EINFÜHRUNG
Ros Barber

Über Shakespeare sind mehr Bücher geschrieben

worden als über jeden anderen Schriftsteller oder Künstler. Wozu dann ausgerechnet noch so ein Buch? Die Grenzenlosigkeit des Themas, das hier auf das Wesentliche komprimiert wird, mag es sehr wohl zu etwas Nützlichem machen. Vielleicht werden wir in der Schule mit Shakespeare konfrontiert, vielleicht sehen oder lernen wir sogar ein oder zwei seiner Stücke, doch die meisten belassen es wahrscheinlich dabei. Nach 400 Jahren ist das elisabethanische Englisch eine Fremdsprache, zu der wenige von uns einen natürlichen Bezug herstellen können. Dennoch wird uns bewusst, dass sich Shakespeare überall in unserer Kultur wiederfindet; andauernd werden er und seine Werke erwähnt und wenn wir die Anspielungen nicht verstehen, entgeht uns einiges. Angesichts der Grenzenlosigkeit des Themas mag es nützlich sein, dieses auf das Wesentliche zu komprimieren. Indem dieses Buch auf Unnötiges verzichtet und einzelne Aspekte auf den Punkt bringt, soll es Shakespeare interessant und verständlich machen und erklären, wieso seine Gedichte und Theaterstücke so wichtig, interessant und langlebig sind.

Lücke im Männerformat

Die meisten populären Bücher zu Shakespeare konzentrieren sich auf seine Person, die meisten wissenschaftlichen auf seine Werke. Doch unser Bild – oder vielmehr die historischen Erkenntnisse über diesen Mann – sind so mangelhaft, dass mache bezweifeln, ob er die Werke überhaupt geschrieben hat. Bill Bryson charakterisierte Shakespeare als »das literarische Äquivalent zum Elektron – für alle Ewigkeit zugleich da und nicht da«, und der Historiker Michael Wood beschrieb ihn in seiner Biographie als eine »Lücke im Männerformat«. Shakespeares Biographien nutzen immer wieder dasselbe wenige Material, um es mit Annahmen und Vermutungen anzureichern. Unser Buch, das von Wissenschaftlern geschrieben wurde, verzichtet auf Spekulationen und konzentriert sich auf ein Werk, das Shakespeare in aller Welt berühmt machte.

Das ›Globe Theatre‹
Ursprünglich 1599 erbaut, wurden hier viele Dramen Shakespeares uraufgeführt. Die anhaltende Popularität Shakespeares sorgte in den 90er Jahren für den Wiederaufbau.

Meister der Menschlichkeit

Die eigene Biografie ist bei Shakespeare eher unwichtig. Was sich stattdessen wie ein roter Faden durch sein Werk zieht, ist Menschlichkeit: die geflüsterte Intimität in seinen Sonetten, die psychologischen Erkenntnisse seiner Stücke. Die Tragödien, die einen packen, in die Dunkelheit reißen und an Grenzen bringen. Die Komödien, die einen vor dem Spiegel bloßstellen, damit man über sich lachen kann. Geschichten, die sich ins Fleisch der Vergangenheit eingebrannt haben, von Einzelnen, die uns Shakespeare als wahrhaftig menschlich präsentiert, egal ob Kneipenwirt oder König. Shakespeare war durch und durch Mensch, auch wenn er heute für viele ein Gott ist. Wie kein anderer erfasste er die menschliche Natur, wie kein anderer verstand er es, sie darzustellen. Dabei formulierte er Wahrheiten, die wir so oft zitiert haben, dass sie Teil unserer Sprache geworden sind. Shakespeares Popularität ist dauerhafter als die jedes anderen Schriftstellers, weil er die Gabe besaß, uns mit wenigen Worten unser eigenes Wesen zu offenbaren.

Wie dieses Buch funktioniert

Das erste Kapitel erforscht den Kontext der Werke Shakespeares – Gesellschaft, Einflüsse und Quellen, die sie geprägt haben. Außerdem untersucht es das Grundgerüst seiner Biografie und fasst zusammen, was wir über den Schriftsteller und seine Arbeit wissen. Shakespeare ist bekannt für seine wiederkehrenden Motive, und folglich bietet das zweite Kapitel einen Einblick in sieben Themen, die er immer wieder aufgriff. Das dritte Kapitel widmet sich einigen, vielleicht überraschenden Aspekten seines großen Wissens und das vierte untersucht die wesentlichen Bestandteile seiner Werke. Im fünften Kapitel blicken wir auf seine Helden und Schurken und das sechste ergründet sein Interesse für Magie und Monster. Abschließend betrachten wir das Vermächtnis Shakespeares. Jeder Eintrag besteht aus einem 30-Sekunden-Stück, das sich einem Thema widmet, einem 3-Sekunden-Spickzettel als knappe Zusammenfassung und einem 3-Minuten-Einwurf, der einer bestimmten Frage nachgeht oder auf ein interessantes Detail hinweist. Als Veranschaulichung des Genies Shakespeares konzentriert sich in jedem Kapitel eine spezielle Doppelseite auf eines seiner Stücke.

KONTEXT

Anti-Stratfordianer Personen, die bezweifeln, dass William Shakespeare von Stratford tatsächlich Urheber der ihm zugeschriebenen Werke ist.

Blankvers Eine Verszeile, die rhythmisch strukturiert ist, sich aber nicht reimt. Blankverse sind gewöhnlich als jambische Fünfheber geschrieben, was bedeutet, dass fünf Mal pro Zeile eine betonte auf eine unbetonte Silbe folgt. Blankverse unterscheiden sich von freien Versen, die sich weder reimen noch einen festen Rhythmus aufweisen.

Claudius Hamlets Onkel, der zum König wurde, indem er seinem Bruder Gift ins Ohr träufelte und dessen Frau heiratete, Hamlets Mutter Königin Gertrude.

Commedia dell'arte Eine Form des Theaters, die sich im 16. Jh. in Italien entwickelte und geprägt ist von Stereotypen, die sich gesellschaftlich klar einordnen lassen. Sie wird am besten übersetzt als »Theater des Handwerks« und beinhaltete improvisierte Darbietungen, die auf bestimmten Szenarien basierten, etwa Sex, Eifersucht, Liebe und Senilität.

Dramaturgie Theorie und Praxis dramatischer Gestaltung. Sie unterscheidet sich von dem Verfassen und Inszenieren eines Stücks (auch wenn eine Person für all diese Dinge verantwortlich sein kann). Ein Dramatiker formt eine Geschichte so, dass sie aufgeführt werden kann. Er integriert alle Elemente eines Dramas mit einem Bewusstsein für die Geschichte des Stücks und den sozialen Kontext.

Elisabethanisch Ein Ausdruck, der sich auf die Herrschaft Elisabeths I. von England (1558–1603) bezieht. Ihre Zeitgenossen können als Elisabethaner und deren Angewohnheiten als elisabethanisch bezeichnet werden.

Epigramm Ein kurzes, witziges Gedicht, dass einen einzelnen Gedanken oder eine Beobachtung ausdrückt. Epigramme waren vor allem bei den geistreichen Junganwälten der *Inns of Court* im elisabethanischen London beliebt.

Epyllion Eine lange poetische Erzählung, die formal (in Thema, Ton und Stil) der epischen Dichtung ähnelt. Sie ist jedoch deutlich kürzer.

First Folio Das *First Folio* ist ein oft benutzter Begriff, der die erste gebundene Sammlung der Theaterstücke Shakespeares bezeichnet. Es wurde 1623, sieben Jahre nach seinem Tod, veröffentlicht. Der ursprüngliche Titel des *First Folio* war *Mr. William Shakespeares Komödien, Historien & Tragödien*.

Hamlet Vielleicht Shakespeares berühmtestes Drama und der Name seines Protagonisten.

Hängen, Ausweiden und Vierteilen Eine besonders grausame Bestrafung der elisabethanischen Ära. Sie stand auf Hochverrat. Die Verräter wurden gehängt, bis sie dem Tode nahe waren. Ihre Glieder wurden abgetrennt und sie wurden bei lebendigem Leibe ausgeweidet und kastriert. Zuletzt wurden sie geköpft und in gevierteilt. Diese Überreste wurden oft der Öffentlichkeit präsentiert.

Jakobinisch Ein Ausdruck für die Herrschaft Jakobs I. von England (1603–1625).

Die Königsmänner Der Name der Theatergruppe Shakespeares nach 1603. In diesem Jahr wurde König Jakob I. (engl.: James) von Schottland nicht nur König Jakob I. von England, sondern auch zum Patron der Gruppe.

Mäzenat Ein wohlhabendes Mitglied des Adels, das einen Schriftsteller oder Künstler finanziell oder anderweitig unterstützte. Schriftsteller widmeten ihre Arbeiten vermögenden Lords oder Ladies in der Hoffnung auf einen Geldsegen.

Nonkomformismus Sich nicht den Bräuchen und Überzeugungen der anglikanischen Kirche von England anzupassen.

Orphelia Junge, tragische Heldin in Shakespeares *Hamlet*.

Rachetragödie Eine Tragödie, deren Handlung in erster Linie von einem Bedürfnis nach Vergeltung vorangetrieben wird.

Satire Ein Art der Komödie, die Überspitzung, Ironie und Spott nutzt, um das Verhalten einzelner Personen offenzulegen und zu hinterfragen. Meist zur Kritik an den herrschenden Machtverhältnissen genutzt.

Sonett Ein Gedicht (meistens über Liebe) mit vierzehn rhythmisch gegliederten Zeilen, das einem festen Reimschema folgt und eine Volta, einen Wendepunkt, hat. Dieser Wendepunkt ermöglicht es dem Sonett zum Beispiel, eine Frage zu stellen und gleichzeitig zu beantworten.

Theatervermittler Jemand, der in einer Theatertruppe dafür zuständig ist, Stücke zu Aufführungszwecken zu erwerben oder im Gegenzug an Herausgeber zu verkaufen.

Tragikömodie Ein Stück, in dem sich gleichermaßen Tragisches und Komisches findet.

LEBEN & LEGENDE

Ein Drama in 30 Sekunden

Mehrfach überliefert ist, dass

William Shakespeare, wie es sich für einen Poeten gehört, an einem Georgstag (23. April) geboren und verstorben ist. Das ist möglich, aber nicht beweisbar: Er wurde am 26. April 1564 in Stratford getauft und dort am 25. April 1616 begraben. Er war das dritte von acht Kindern (fünf überlebten) und heiratete mit 18. Selbst war er Vater von drei Kindern; sein einziger Sohn starb mit elf Jahren. Ende 1594 war er Anteilhaber der *Lord Chamberlain's Men* (den späteren »Königsmännern«), fünf Jahre später Mit-eigentümer des *Globe Theatre*. Doch abgesehen von seinen Dichtungen hinterließ Shakespeare der Nachwelt wenig: keine Briefe, keine Manuskripte und ein Testament, dessen interessanteste Erkenntnis darin liegt, dass er seiner Ehefrau Anne »das zweitbeste Bett« vermachte. Wo die Geschichte bruchstückhaft bleibt, füllen Mythen die Lücken. Über Shakespeare wurden die verschiedensten Dinge erzählt, etwa dass er Stratford verlassen musste, nachdem er unrechtmäßig einen Hirsch erlegt hatte. Oder dass er neben dem Londoner Theater Pferde hielt oder Landschullehrer war. Oder dass er sich im *Mermaid Tavern* mit Ben Johnson witzige Wortgefechte lieferte. All das kam erst Jahrzehnte nach seinem Tod heraus. Sein Werk bietet offenbar die einzige Möglichkeit, ihn wirklich kennen zu lernen.

3-SEKUNDEN SPICKZETTEL
Wir wissen zu viel und zu wenig über Shakespeare: über seine Geschäfte ist einiges bekannt, über seine Persönlichkeit dagegen kaum etwas.

3-MINUTEN EINWURF
Die meisten Wissenschaftler glauben, dass Robert Greenes Erwähnung einer »emporgekommenen Krähe« im Jahr 1592 der erste Hinweis auf Shakespeare ist – einen Theaterdarsteller, der begonnen hat, Blankverse zu schreiben. Greene greift eine Zeile aus Heinrich VI., Teil 3, auf und sagt, die »Krähe« halte sich »für den größten Theater-Erschütterer im Land«. Möglich auch, dass Greene eigentlich den berühmten Darsteller Edward Alleyn meinte, dessen *Tambercam* (eine Nachahmung von Marlowes *Tamburlaine*) im gleichen Jahr aufgeführt wurde.

30-SEKUNDEN-QUERVERWEIS
Siehe auch
ZEITGENÖSSISCHE EINFLÜSSE
Seite 26

DIE FRAGE DER URHEBERSCHAFT
Seite 30

3-SEKUNDEN-BIOGRAFIEN
ROBERT GREENE
1558–1592
Schriftsteller

EDWARD ALLEYN
1566–1626
Schauspieler

BEN JONSON
1572–1637
Schriftsteller

30-SEKUNDEN-TEXT
Ros Barber

Getrieben von un-zähligen Mythen, die Shakespeare umgeben, ist die Legende um den Mann aus Stratford stetig gewachsen.

RELIGION & POLITIK
Ein Drama in 30 Sekunden

In den 30 Jahren vor Shakespeares

Geburt hatte es drei offizielle Staatsreligionen gegeben. Da das Oberhaupt des Staats zugleich das der Kirche war, drohte Abweichlern die Anklage als Ketzer und Verräter. Als Elisabeth 1558 den Thron bestieg, versprach sie, nicht »in die Seele der Menschen« blicken zu wollen; nach diversen katholischen Verschwörungen wurde jedoch jeder Nonkonformismus als Verrat betrachtet. Der Jesuit Edmund Campion wurde gehängt, ausgeweidet und geviertelt, weil er für den Katholizismus geworben hatte. Elisabeths katholische Cousine Mary, Königin von Schottland, wurde enthauptet. Und es traf nicht nur Katholiken: Die Puritaner Henry Barrow, John Greenwood und John Penry wurden hingerichtet, nachdem sie »aufwieglerische Bücher verfasst und vertrieben« hatten. 1593 waren religiöse Schriften, die bei Christopher Marlowe und Thomas Kyd gefunden wurden, Anlass zur deren Verhaftung wegen des Verdachts des Atheismus. Marlowe starb, bevor Anklage erhoben wurde. »Shakespeare wurde nur durch Marlowes Tod zu Shakespeare«, sagt der Literaturkritiker Jonathan Bate. »Und genau dieser Tod verfolgte ihn sein ganzes Leben.« Marlowe hatte sich in seinen Dramen unmittelbar mit dem Thema Religion befasst – dass Shakespeare es mied, überrascht also nur wenig.

30-SEKUNDEN-QUERVERWEIS
POLITISCHE VERÄNDERUNG
Seite 38

BIBLISCHE BEZÜGE
Seite 60

3-SEKUNDEN-BIOGRAFIEN
JOHN WHITGIFT
1530–1604
Erzbischof von Canterbury

HL. EDMUND CAMPION
1540–1581
Katholischer Märtyrer

HENRY BARROW
1550–1593
Puritanischer Separatist

30-SEKUNDEN-TEXT
ROS BARBER

3-SEKUNDEN SPICKZETTEL
Zu Shakespeares Zeiten war Religion politisch; dies öffentlich anzusprechen konnte fatale Folgen haben. Hierin liegt wohl auch der Grund, dass Shakespeares Stücke entschieden säkular sind.

3-MINUTEN EINWURF
Die Kirche Englands bemühte sich zu kontrollieren, was das elisabethanische Publikum sah und las. Theater galten als unmoralische Orte, und Geistliche befürworteten regelmäßig deren Schließung. Der Erzbischof von Canterbury war Chefzensor gedruckter Schriften. 1599 ordneten er und der Londoner Bischof an, alle Satiren und Epigramme zu verbieten, ebenso wie alle Historien oder dramatischen Arbeiten, die ohne Erlaubnis veröffentlicht worden waren. Von ihrer Liste der Bücher, die es zu verbrennen galt, überlebten alle bis auf eines.

In Elisabeths I. protestantischem England mussten Verräter wie die schottische Königin Mary mit harten Bestrafungen rechnen.

TEXTQUELLEN
Ein Drama in 30 Sekunden

Shakespeare als Leser plünderte
alles auf der Suche nach Bildern, Namen, Ideen und
Handlungen. Mehr als 270 eindeutige Textquellen
sind identifiziert, in Englisch, Französisch und Italienisch; viele weitere werden vermutet. Seine Lieblings-
autor war wahrscheinlich der römische Dichter Ovid,
dessen *Metamorphosen* 1567 auf Englisch erschienen.
Shakespeare nutzte sie für mehrfach, etwa für die
Geschichte von Pyramus und Thisbe im *Sommernachtstraum*. Ein anderer antiker Text, die *Parallelen
Lebensbeschreibungen* des Griechen Plutarch (1579
übersetzt), war Grundlage für *Antonius und Cleopatra*
und *Julius Cäsar*. Doch er ließ sich auch von italienischen Erzählungen wie Matteo Bandellos *La Prima
Parte de la Novelle* (1554) oder französischen Geschichten wie François de Belleforests *Les Histoires
tragiques* im Falle von *Viel Lärm um nichts* inspirieren.
Zugleich griff er auf Stoffe seiner Zeit zurück; die
Handlung des *Wintermärchens* entspricht großteils
der von Robert Greenes Romanze *Pandosto* (1588).
Gleiches gilt für *Romeo und Julia* und Arthur Brookes
Gedicht *The Tragical History of Romeus and Juliet*
(1562). Doch auch wenn er meist den Dank schuldig
blieb: Shakespeare formte jeden Text um und schuf
neuartige und beeindruckende Dramen, die damals
wie heute die Zuschauer in ihren Bann ziehen.

3-SEKUNDEN SPICKZETTEL
Sachbuch oder Dichtung,
Überliefertes oder Zeit-
genössisches – Shake-
speare las alles Mögliche
und bediente sich bei seiner Dichtung einer bunten
Fülle von Texten.

3-MINUTEN EINWURF
Shakespeares Entlehnun-
gen waren nie blinde Übernahmen. Der Charakter der
Vorlage mochte ein rach-
süchtiger, mordender Biga-
mist und vermeintlicher
König wie Amleth sein,
doch Shakespeares Hamlet
ist ehrenhaft, verletzlich
und von Kummer geplagt,
ein Rächer wider Willen
und bis zuletzt ein Rätsel.
Im Falle von *Wie es euch
gefällt* arbeitete Shake-
speare anders; er griff auf
Thomas Lodges *Rosalynde*
(1586–1587) zurück, strich
alle Todesfälle und den
Großteil körperlicher Ge-
walt und reicherte alles mit
zusätzlichen Familienbezie-
hungen und Liebhabern an.

30-SEKUNDEN-QUERVERWEIS
KLASSISCHE EINFLÜSSE
Seite 24

GESETZ
Seite 66

GESCHICHTE
Seite 68

3-SEKUNDEN-BIOGRAFIEN
OVID
43 v. Chr. – 17 v. Chr.
Lateinischer Dichter?

ARTHUR BROOKE
† 1563
Dichter

THOMAS LODGE
1558–1625
AUTOR UND PHYSIKER

30-SEKUNDEN-TEXT
Margrethe Jolly

*Shakespeare ließ
sich von einer großen
Vielfalt alter und auch
moderner Quellen in-
spirieren.*

HAMLET

Lears mangelnde Selbstkennt-

nis, Othellos Leichtgläubigkeit, Macbeths Ehrgeiz – diese Persönlichkeitsschwächen führen
diese großen Shakespeare-Charaktere zu ihrem
tragischen Ende. Prinz Hamlet ist anders. Er ist
ein Student, ein Philosoph und ein vermeintlicher
Liebhaber mit dem Herz am rechten Fleck; doch
schon früh im Stück befindet er sich in einer aus-
weglosen Situation. Ein Geist, der seinem verstorbenen Vater ähnelt, behauptet, dass dieser
genau von dem Mann ermordet wurde, der nun
auf dem Thron sitzt – seinem Bruder Claudius. Er
fordert Hamlet auf, ihn zu rächen. Aber während
diese Offenbarungen Hamlet in seinem Argwohn
gegenüber Claudius bestätigen, zögert er davor,
jemand anderem auf Aufforderung eines Geistes
hin das Leben zu nehmen. In dieser Art von
Tragödie ging es um Rache, ein Thema, das beim
elisabethanischen und jakobinischen Publikum
sehr beliebt war, und Shakespeares Bearbeitung
machte daraus einen Psycho-Thriller.

Das typische Bild vom finsteren Hamlet, der
versunken einen Schädel betrachtet, vermittelt
augenblicklich die düstere, beunruhigende
Atmosphäre des Stücks. Hamlet trauert um
seinen Vater und ist angewidert von der raschen
Wiederverheiratung seiner Mutter, der Königin,
mit ihrem Schwager. Er sieht die Eheschließung
als inzestuös und als indirekten Verrat am
Vater. König Claudius ist skrupellos und ehr-
geizig und verdächtigt Hamlet im selben Maße,
wie Hamlet ihn verdächtigt. Binnen kurzer Zeit
ist Hamlet auf der Hut. Claudius will wissen,
ob Hamlets Verhalten ihm gegenüber durch die
Trauer um seinen Vater verursacht wird oder
durch andere Beweggründe. Wir erleben, wie
alle, der König selbst, sein Vertrauter, Hamlets
Schulfreunde Rosencrantz und Guildenstern,
Ophelia, ja Hamlets Mutter – damit beschäftigt
sind, Hamlet auszuspionieren und seine wahre
Gesinnung herauszufinden.

In einer Produktion des Londoners *National
Theatre* wurde diese permanente Überwachung
thematisiert, indem das Stück eine Parallele zum
videoüberwachten Großbritannien zog. Eine
andere Produktion richtete den Fokus auf den
Irrsinn Hamlets, den er scheinbar zum eigenen
Schutz entwickelt, wobei es Ophelia ist, die letztendlich dem absoluten Wahnsinn verfällt. So oder
so wird Claudius weder die Krone noch die Königin
aufgeben, die er mit List erworben hat. Seine Ver-
suche, Hamlet zu beseitigen, werden zunehmend
bedrohlicher und bestätigen seine Schuld. Hamlet
wird mehr und mehr in die Enge getrieben und eine
Ausflucht wird zunehmend schwierig. Kurzzeitig
wird die Spannung zwar durch unbekümmertere
Momente aufgehoben; aber Hamlets Scharfsinn
und Zweideutigkeit in der Totengräber-Szene erinnern uns eindringlich daran, wer er ist und was
er hätte sein können. Doch Claudius ist zu bösartig
und zu mächtig, Hamlet wird tödlich verletzt und
vollzieht zuletzt eine Wandlung zum Rächer.

Heute ist diese Rachetragödie eines der meist-
gespielten Stücke Shakespeares; die Titelrolle ist
bei Schauspielern mehr als begehrt.

Margrethe Jolly

KLASSISCHE EINFLÜSSE

Ein Drama in 30 Sekunden

Ben Johnsons, ein Zeitgenosse

Shakespeares, bescheinigt diesem in einer Widmung zum *First Folio* ein »kleines Latinum und geringeres Griechisch«, aber das ist alles andere als richtig. Die weite Bandbreite klassischer Belesenheit, die sich bei Shakespeare zeigt, umfasst Ovids *Meta-morphosen*, Homers *Ilias*, Virgils Aeneis, Plutarchs *Lebensbeschreibungen*, Senecas *Tragödien*, Livius *Römische Geschichte*, Plinius *Naturalis historia*, Apuleius *Asinus aureus*, die *Aithiopika* des Heliodoros und die *Komödien* des Terenz. Wissenschaftler ermittelten zahlreiche Quellen, die wohl nur selten in lateinischen oder griechischen Ausgaben erhältlich waren. Plautus' *Menaechmi* und *Amphitruo* beeinflussten *Die Komödie der Irrungen*, und die Statuen-Szene in *Das Wintermärchen* vereint Elemente, die Ovids Erzählung des *Pygmalion-Mythos* und Euripides *Alkestis* entstammen. Ovids *Heroides* und *Fasti*, die *Satiren* des Juvenal, lateinische Übersetzungen Platons, Aristoteles', *Lukians von Samosata* und die *Griechische Anthologie* sind als Quellen identifiziert, woraus Wissenschaftler folgern, dass Shakespeare mehr Latein las als heutige Studenten antiker Literatur. Mitunter wurden auch faszinierende Parallelen zu klassischen, griechischen Dramen erkannt, u. a. zu Aischylos' *Orestie*, Sophokles' *Ödipus*, oder zu Aristophanes Komödie *Die Vögel*.

3-SEKUNDEN SPICKZETTEL
Shakespeare griff auf ein erstaunliches Spektrum lateinischer und griechischer Literatur zurück, darunter epische, dramatische, historische, satirische und philosophische Texte.

3-MINUTEN EINWURF
Shakespeare verknüpfte nahtlos eine Vielzahl antiker Quellen auf eine Art, die die Herausgeber von *Shakespeare and the Uses of Antiquity* (1990) als »Wunder, das wir nicht erklären können«, beschrieben. Obwohl Ben Johnson dies bestreitet und auch Leonard Digges in seinem Gedicht aus dem ersten Folio beteuert, Shakespeare habe keine »einzige Phrase« aus dem Griechischen und Lateinischen entnommen, sammelten Wissenschaftler Beweise, die seine tiefen Kenntnisse antiker Texte und dramaturgischer Techniken zeigen.

30-SEKUNDEN-QUERVERWEIS
TEXTQUELLEN
Seite 20

GEISTER
Seite 122

3-SEKUNDEN-BIOGRAFIEN
THOMAS NORTH
1535–1604
Übersetzte Plutarchs *Parallele Lebensbeschreibungen*

ARTHUR GOLDING
1536–1606
Übersetzte Ovids *Metamorphosen*

THOMAS NEWTON
1542–1607
Übersetzer und Dichter, der Senecas *Tenne Tragedies* publizierte

30-SEKUNDEN-TEXT
Earl Showerman

Zahlreiche Anspielungen in Shakespeares Werk zeigen seine Kenntnisse klassischer Schriftsteller wie etwa Homers und Euripides'.

ZEITGENÖSSISCHE EINFLÜSSE
Ein Drama in 30 Sekunden

Theater war im elisabethanischen

London wichtig. Dramen wurden in den Höfen privater Gasthäuser aufgeführt – insbesondere im »Roten Bullen« in Clerkenwell. Dem ersten eigenständigem Theater, das James Burbage 1576 erbauen ließ (treffend »The Theatre« genannt), folgten bald andere. Am Südufer wurden »The Rose« und »The Swan« erbaut; 1599 folgte dort das »Globe Theatre«, allesamt offene Theater. Dramen wurden am Hof aufgeführt, in den vier Londoner Anwaltskammern und in geschlossenen Räumen wie etwa den Blackfriars-Theatern. Die Darsteller waren gut organisiert und profitierten von adeligen Mäzenen. Autoren bedienten sich der Arbeit von Kollegen; Übernahmen erfolgreicher Stücke in Stil oder Thema waren üblich. Der Trend zu »Rachedramen« – etwa Thomas Kyds *Die Spanische Tragödie* – inspirierte Shakespeare zu *Titus Andronicus* und *Hamlet*. Am meisten aber beeinflusste ihn Christoph Marlowe, dessen Blankverse er weiterentwickelte und dessen »Fortsetzung« von *Tambourlaine* die mehrteiligen »Heinrich«-Dramen anregte. Shakespeares erste Veröffentlichung, *Venis und Adonis*, war ein Epyllion; ein kleines Epos; nach Marlowes *Hero und Leander*; seine letzte, große Schöpfung, *Prospero*, zeigt die Kehrseite von Marlowes *Faustus*; der Name beider Magier bedeutet »glücklich«.

30-SEKUNDEN-QUERVERWEIS
RELIGION & POLITIK
Seite 18

TEXTQUELLEN
Seite 20

KLASSISCHE EINFLÜSSE
Seite 24

3-SEKUNDEN-BIOGRAFIEN
JAMES BURBAGE
1530/5–1597
Schauspieler und Theaterdirektor

THOMAS KYD
1558–1594
Dramatiker

CHRISTOPHER MARLOWE
1564–1593
Dichter und Dramatiker

30-SEKUNDEN-TEXT
Ros Barber

3-SEKUNDEN SPICKZETTEL
Die Vielfalt an Spielstätten und Zuschauern im jungen, modernen London ermöglichte die Entwicklung eines Schauspiels, das seitdem unerreicht ist.

3-MINUTEN EINWURF
Und auch Theaterkompanien aus dem Ausland sind in der elisabethanischen Ära dokumentiert. Italienische Truppen spielten in Windsor »Szenen« der Commedia dell'arte für die Königin. Drousiano, dem Leiter der berühmtesten Truppe namens Gelosi, wurde sogar eigens erlaubt, in der Fastenzeit aufzutreten. Viele Dramen Shakespeares, wie etwa *Viel Lärm um Nichts* oder Tragödien wie *Othello*, offenbaren den Einfluss der Commedia dell'arte im Hinblick auf Handlung, Charaktere und Bühnenausstattung.

Das Theater florierte im elisabethanischen London dank neuer Bühnen und Stücke von Schriftstellern wie Christopher Marlowe.

DIE SONETTE
Ein Drama in 30 Sekunden

»Soll ich dich einem Sommertag vergleichen«, beginnt Shakespeares 18. Sonett von 1609. Niemand kennt den Adressaten dieses oder irgendeines der anderen 154 Sonette; sie richten sich an eine »dunkle Dame«, einen »liebreizenden Jüngling« oder andere, die unbekannt bleiben. Da ein Bezug zu Shakespeares bekanntem Leben unmöglich scheint, glauben einige, dass sie keinen autobiographischen Hintergrund haben. Und doch wirken sie nicht wie bloße Schreibübungen. Shakespeare schildert eine Dreiecksbeziehung mit einer ungenannten Geliebten und einem »Dichterrivalen« und beklagt eine »Schande« oder »Blamage«, die ihm widerfuhr; im 66. Sonett scheint er sogar dem Selbstmord nahe: »Müd' von all' dem, ruf' ich den Tod herbei.« Gegen jede Konvention seiner Zeit ist er gegenüber der »dunklen Dame« ausgesprochen unhöflich. Manche Gelehrte sehen in den Sonetten Hinweise auf Bisexualität oder die Behandlung einer Geschlechtskrankheit.

Ob nun reale oder fiktionale Charaktere, die Sonette sind eine kraftvolle, poetische Neuerung, die Shakespeare große sprachliche und bildliche Möglichkeiten (Wortspiele inbegriffen) erlaubten. Er setzte – besonders in den Liebessonetten – neue formale Maßstäbe und schuf außerdem ein neues Reimschema: Das Shakespearesche Sonett, abab/cdcd/efef/gg.

30-SEKUNDEN-QUERVERWEIS
DIE FRAGE DER URHEBERSCHAFT
Seite 30

REIME
Seite 80

3-SEKUNDEN-BIOGRAFIEN
HENRY WRIOTHESLEY
1573–1624
Der 3. Earl of Southampton

WILLIAM HERBERT
1580–1630
Der 3. Earl of Pembroke

OSCAR WILDE
1854–1900
Schriftsteller

30-SEKUNDEN-TEXT
Ros Barber

3-SEKUNDEN SPICKZETTEL
Schon lange bevor sich Shakespeare mit ihnen befasste, existierten Sonette im Italienischen und Englischen.

3-MINUTEN EINWURF
»Mr. W. H.«, an den die Sonette gerichtet sind und der als ihr »alleiniger Erzeuger« beschrieben wird. Gemutmaßte Namen sind unter anderem William Herbert, ein Widmungsträger des ersten Folios, und ein (umgekehrter?) Henry Wriothesley, dem Venus und Adonis gewidmet ist, aber keiner der beiden Earls wäre mit »Mr.« adressiert worden. Ein Tippfehler des Autors, »W. SH.«? Oder könnte es für »Mr. Who He« stehen? Dieses Mysterium ist das Thema einer Kurzgeschichte von Oscar Wilde, Das Bildnis des Herrn W. H.

Einige der Sonette richten sich an einen mysteriösen »liebreizenden Jüngling« und eine »dunkle Dame«.

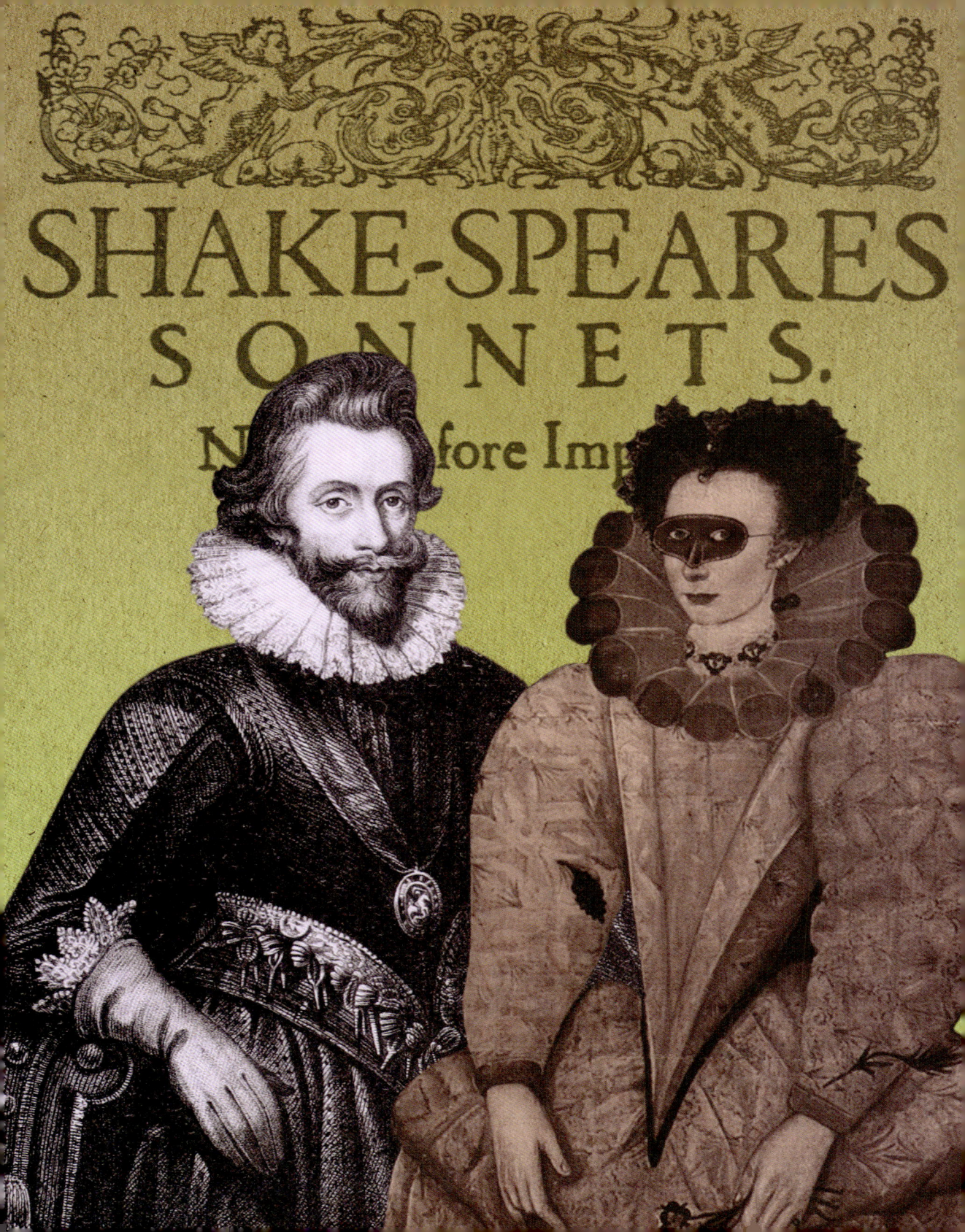

DIE FRAGE DER URHEBERSCHAFT

Ein Drama in 30 Sekunden

30-SEKUNDEN-QUERVERWEIS
LEBEN & LEGENDE
Seite 16

DIE SONETTE
Seite 28

Ab Mitte des 19. Jahrhunderts

war alles zur Person William Shakespeare bekannt; die Faktenlage erwies sich allerdings als erschreckend dürftig. Für viele steht das, was über Shakespeare bekannt ist, in Widerspruch zum Autor vieler Dramen und Sonette. Und so wagte Delia Bacon als erste öffentlich die Frage: »Ist William Shakespeare von Stratford wirklich der Verfasser der Werke, die ihm zugeschrieben werden?« Würde jemand, der so viele starke, gebildete weibliche Charaktere zeichnet, tatsächlich beide Töchter als Analphabetinnen aufwachsen lassen? Wieso gibt es von Shakespeare weder Briefe, Bücher noch Manuskripte, während alle anderen großen Autoren der Zeit irgendwelche Spuren hinterlassen haben? Warum verweist in seinem Testament nichts auf ein Literaturleben, nicht mal ein Bücherregal oder ein Schreibtisch? War der Mann, den wir für den größten englischen Schriftsteller halten, nur ein Literaturagent? Oder »Strohmann« für einen anderen Autor oder gleich eine ganze Autorengruppe? Die meisten Wissenschaftler halten nichts von den »Anti-Stratfordianern«, zu denen allerdings auch Prominente wie Sigmund Freud und Friedrich Nietzsche zählen. Mitunter entwickelt die Debatte Züge eines Glaubenskampfes: Zweifel an Shakespeare gelten als Ketzerei. Shakespeares Schriftstellerei oder Gottes Existenz zu hinterfragen, ist für viele ein und dasselbe Vergehen.

3-SEKUNDEN SPICKZETTEL
Ist es wichtig, wer die Werke geschrieben hat, die wir Shakespeare zuschreiben? Die dürftige Beweislage wird eine Antwort auf diese Frage vielleicht niemals erlauben.

3-MINUTEN EINWURF
Ein gutes Beispiel für den frustrierenden Mangel an Fakten in der Personalie Shakespeare ist sein Untermieter, Thomas Greene. Er lebte mit seiner Ehefrau von 1603 bis 1611 in Shakespeares Haus in Stratford. Greene (ein Anwalt) war ein anerkannter Dichter und Tagebuchschreiber; doch obwohl er 1609 in Shakespeares Haus lebte – in dem Jahr, in dem Shakespeares *Sonette* veröffentlicht wurden –, erwähnen die erhaltenen Fragmente seines Tagebuchs nur den »Cousin Shakespeare« und dessen Geschäfte mit Grundbesitz.

3-SEKUNDEN-BIOGRAFIEN
DELIA BACON
1811–1859
Verfasserin von *Philosophy of the Plays of Shakespeare Unfolded*

FRIEDRICH NIETZSCHE
1844–1900
Deutscher Philosoph und Dichter

SIGMUND FREUD
1856–1939
Begründer der Psychoanalyse

30-SEKUNDEN-TEXT
Ros Barber

Francis Bacon, William Stanley, Christopher Marlowe, Edward de Vere und Mary Sidney – sie alle sind als eigentliche Autoren der Werke Shakespeares genannt worden.

MITAUTORSCHAFT
Ein Drama in 30 Sekunden

Schon 1687 begannen Kritiker, die Urheberschaft einzelner Zeilen und ganzer Arbeiten anzuzweifeln. Sie schien nicht zum Genie Shakespeares, zu dessen Stil und Wesen zu passen. Mehrere Dramen Shakespeares wecken den Verdacht, dass andere als Coautor oder Lektor fungierten und die Texte mit einzelnen Zeilen oder sogar ganzen eingeschobenen Szenen ergänzten. Dies gilt hauptsächlich für die sehr frühen und sehr späten Stücke. Es gibt die weitverbreitete Ansicht, dass Thomas Middleton an *Macbeth*, *Maß für Maß* und *Timon von Athen* mitwirkte; dass John Fletcher vermutlich an *Heinrich VIII.* beteiligt war und George Peele vielleicht bei *Titus Andronicus* half. Möglicherweise gibt es Anhaltspunkte dafür, dass Thomas Nashe beim ersten Teil von *Heinrich VI.* involviert war. Um herauszufinden, was genau Shakespeare selbst geschrieben hat, haben sich Wissenschaftler einer Vielzahl von Analysemethoden bedient. Untersucht wurden der Gebrauch seltener Wörter, Schmelzwörter, Wörterlängen, Silben pro Wort, die Verteilung des Sprechanteils, erste Wörter, die Verwendung von Reimen, das Verhältnis von Blankvers zu Prosa, Zeilen mit einer elften Silbe, lateinisches Vokabular und vieles weitere. Jedoch kann keine Überprüfung beweisen, ob Shakespeare sich bereitwillig als Coautor an irgendeinem Stück beteiligte. Fest steht nur, dass andere wohl an seinen Stücken mitwirkten.

3-SEKUNDEN-BIOGRAFIEN
GEORGE PEELE
1556–1596
Elisabethanischer Dramatiker

THOMAS NASHE
1567–ca. 1601
Elisabethanischer Satiriker

THOMAS MIDDLETON
1580–1627
Jakobinischer Dichter und Bühnenautor

30-SEKUNDEN-TEXT
Robin Williams

Thomas Middleton und John Fletcher gelten als zwei der »Co-Autoren« Shakespeares.

THEMEN

Arden Der Name des Waldes, in den Herzog Senior und sein Gefolge in *Wie es euch gefällt* verbannt werden. Es gab einen Wald namens Arden in Shakespeares heimischer Grafschaft, Warwickshire, doch der Schauplatz des Dramas bezieht sich auf seine ursprüngliche Quelle, eine Erzählung, die in den französischen Ardennen spielt.

Böhmen Eine Region Mitteleuropas, die sich heute in der tschechischen Republik befindet. Ihre Hauptstadt war Prag.

»Bed Trick«? Ein Täuschungsmanöver, bei dem zwei Frauen die Rollen tauschen, damit ein Mann mit Frau A Sex hat, wobei er sie jedoch für Frau B hält (benötigt gewöhnlich völlige Dunkelheit).

Desdemona Die tragische Heldin in Shakespeares *Othello*; Ehefrau des Titelhelden.

Dramatische Ironie Eine literarische Technik des griechischen Theaters, bei der einem Charakter die volle Bedeutung seiner Worte und Handlungen nicht bewusst ist, dafür jedoch dem Publikum.

Die Essex-Rebellion Die Bezeichnung für die gescheiterte Verschwörung des zweiten Earls von Essex, Robert Devereux, der mit 200 Anhängern, größtenteils bewaffnet, in den Hof der Königin Elisabeth I. eindrang, um gegen seinen Status zu protestieren (er stand unter Hausarrest). In Folge dessen wurde er hingerichtet.

Falstaff Eine komische Hauptfigur im ersten Teil von *Heinrich IV.*; ein feiger, trinkfreudiger Ritter, der Prinz Heinrich vom rechten Weg abbringt. Er hat auch eine kleine Rolle im zweiten Teil (wo Prinz Heinrich ihn verschmäht) und hat eine weitere in der Komödie *Die lustigen Weiber von Windsor*.

Historiendrama Ein Stück, das auf historischen Ereignissen basiert.

Jago Ein Charakter in Shakespeares *Othello*; Othellos Fähnrich, der ihn überzeugt, dass seine Frau Desdemona untreu ist.

Metapher Ein rhetorisches Stilmittel, bei dem das eigentlich Gemeinte durch etwas Ähnliches ersetzt wird, z. B., »Leben ist nur ein wandelnd Schattenbild«.

Mohr Zu Zeiten Shakespeares wurde üblicherweise der Begriff »Mohr« genutzt, um nordafrikanische Muslime zu beschreiben.

Othello Eine der berühmtesten Tragödien Shakespeares und der Name des Hauptcharakters.

Plantagenet Die Familie Plantagenet (die ursprünglich aus Frankreich stammte) regierte England von der Krönung Heinrichs II. 1154 bis zum Tod Richards III. 1485, als sie durch die Tudors ersetzt wurden.

Problemstück Shakespeares »Problemstücke« zeichnen sich aus durch abrupte Wechsel zwischen düsterem, psychologischem Drama und harmloser Komödie. Anfänglich zählten nur *Ende gut, alles gut*, *Maß für Maß* und *Troilus und Cressida* dazu, später auch *Das Wintermärchen* und *Timon von Athen*.

Verleumdung Eine falsche Aussage, die dem Ruf einer Person schadet.

Sternkammer Ein englischer Gerichtshof, der sowohl aus Richtern als auch aus dem Kronrat (Beratern der Königin) bestand. Seine Sitzungen im Westminster-Palast fanden im Geheimen statt.

Thronfolge Ein Herrscher wird in seinen Rechten und Pflichten von einem Nachkommen abgelöst.

Tetralogie Ein Werk in vier Teilen (wie entsprechend eine Trilogie aus drei Teilen besteht).

Thronraub Die Übernahme einer Machtposition auf gesetzeswidrige Weise oder durch Gewalt.

POLITISCHE VERÄNDERUNG
Ein Drama in 30 Sekunden

Machtwechsel war ein sensibles

Thema im späten 16. Jahrhundert. Als deutlich wurde, dass Königin Elisabeth I. keinen Erben haben würde, begannen hitzige Diskussionen über die Thronfolge, – die zuletzt verboten wurden. Als John Stubbs ein Flugblatt gegen die Hochzeit der Königin verteilte (er glaubte, sie sei mit 46 zu alt, um Kinder zu bekommen), wurde ihm die rechte Hand abgehackt – eine klare Warnung an alle Schriftsteller, sich zu dem Thema zu äußern. Mit einem Historiendrama war man da sicherer und so thematisierte Shakespeare in vielen seiner historischen Stücke die Probleme politischer Wechsel. Geschichte als Theaterstoff war also durchaus möglich: John Hayward, der Verfasser einer historischen Abhandlung, die auf dem gleichen Material wie Shakespeares *Richard II.* basierte, wurde allerdings vor die Sternkammer berufen und inhaftiert. Shakespeare hingegen behandelte nach Belieben Rechte, Mächte und Pflichten der Monarchie und richtete seine Augenmerk wiederholt auf wechselnde Machtverhältnisse. In *Heinrich VI.* warnte Shakespeare letztlich vor Bürgerkrieg als einem Ergebnis gewaltsamer Machtwechsel, die so weit führen könnten, dass Vater und Söhne einander umbrächten. Ein halbes Jahrhundert später stürzte König Karl I., dessen Vater sich für Shakespeares Theatertruppe eingesetzt hatte, in seiner Arroganz England erneut in einen Bürgerkrieg, der für die Theater über nahezu zwanzig Jahre das Ende bedeutete.

30-SEKUNDEN-QUERVERWEIS
RELIGION & POLITIK
Seite 18

THRONRAUB
Seite 40

3-SEKUNDEN-BIOGRAFIEN
JOHN STUBBS
1543–1591
Verfasser von Flugblättern

JOHN HAYWARD
1564–1627
Autor von *The Life and Reign of King Henry IV*

ROBERT DEVEREUX
1565–1601
Der zweite Earl of Essex

30-SEKUNDEN-TEXT
Ros Barber

Über das aktuelle politische Geschehen zu schreiben, war riskant; Shakespeare nutzte die Geschichte, um das Thema Machtwechsel zu behandeln.

3-SEKUNDEN SPICKZETTEL
Für Shakespeare waren Historiendramen ein sicherer Art, um nicht nur das gefährliche Thema der Thronfolge, sondern auch die Beziehung zwischen Herrscher und Untergebenen anzusprechen.

3-MINUTEN EINWURF
Am Vorabend der Essex-Rebellion 1601 zahlten Anhänger des Earls von Essex 40 Schilling an Shakespeares Theatergruppe, um das Stück *Richard II.* aufzuführen, in dem unter anderem der Monarch von einem seiner Earls abgesetzt wird. Elisabeth I. Verkündete gegenüber ihrem Archivar: »I am Richard II., know you not that?« Essex und ein Großteil seines Gefolges wurden hingerichtet. Shakespeares Truppe wurde an den Hof berufen, um sich zu verantworten, doch Shakespeare selbst erschien nicht und wurde, anders als John Hayward, nie bestraft.

THRONRAUB
Ein Drama in 30 Sekunden

Shakespeares Interesse am Thronraub verdankt sich der britischen Geschichte: In der frühen Tetralogie wird Heinrich VI. vom Rebellen Jack Cade des Thronraubs beschuldigt, weil sein Großvater Heinrich IV. (Hauptfigur in Shakespeares zweiter Tetralogie) die Krone von Richard II. gestohlen hatte. Heinrich VI. wird dann unrechtmäßig von Edward, dem Duke von York, abgelöst, dessen Sohn dasselbe Schicksal erleidet, diesmal durch Richard III. *Macbeth* macht sich abhängig von der Entthronung des Königs Duncan und *König Johann* ist ein weiterer Thronräuber. Aber nicht nur Adlige werden »entthront«; ein Bittsteller klagt, dass ein John Goodman ihm »Haus und Ländereien und Frau und alles vorenthält«. Und Shakespeare beschränkt sich nicht auf britische Geschichte. In *Wie es euch gefällt* lebt Duke Senior im Wald, nachdem ihn sein Bruder Friedrich verdrängt hat. Im *Sturm* löst der Erz-Usurpator Antonio nicht nur unerlaubt Prospero als Herzog von Mailand ab, sondern überzeugt auch Sebastian, seinen Bruder Alonso zu töten und als König zu ersetzen. *Hamlet* nimmt seinen Lauf, als Claudius seinem Bruder Thron und Ehefrau stiehlt. Shakespeare spielt sogar mit dem Wort »usurp«, als Horatio den Geist des toten Königs herausfordert: »What art thou that usurp'st this time of night?«. Und Lucianus, der im Stück Gonzagos Mörder spielt, beabsichtigt, die »Aufmerksamkeit des Königs zu erregen«, indem er das Gift mit den Worten reicht: »On wholesome life usurp immediately.«

3-SEKUNDEN SPICKZETTEL
Viele von Shakespeares Historien, Tragödien und sogar einige Komödien beschreiben Figuren, die unrechtmäßig und oft gewaltsam eine Machtposition ergreifen.

3-MINUTEN EINWURF
Shakespeare verwendete häufig das Wort »usurp« als Metapher. Im ersten Teil von *Heinrich VI.* findet General Talbot, dass derjenige, der nicht furchtlos ist, »Doth but usurp the sacred name of knight«. In *Ende gut, alles gut* sagt Bertram über den feigen Soldaten Parolles, der im Vorratslager »ausruht«: »His heels have deserved it, in usurping his spurs so long.« Als König Lear stirbt, meint der Graf von Kent: »The wonder is, he hath endur'd so long. He but usurp'd his life.«

30-SEKUNDEN-QUERVERWEIS
HAMLET
Seite 22

POLITISCHE VERÄNDERUNG
Seite 38

VERLEUMDUNG
Seite 42

MACBETH
Seite 104

3-SEKUNDEN-BIOGRAFIEN
MAC BETHAD MAC FINDLAÍCH, ODER MACBETH
ca. 1005–1057
König Schottlands

KÖNIG HENRY IV
1367–1413
König Englands

RICHARD III
1452–1485
Der letzte englische König aus dem Hause Plantagenet

30-SEKUNDEN-TEXT
Ros Barber

Der Tod Richards II. ist eine von vielen blutigen Machtübernahmen, die Shakespeares Dramen thematisieren.

VERLEUMDUNG
Ein Drama in 30 Sekunden

3-SEKUNDEN SPICKZETTEL
Shakespeare nutzt gerne die Verleumdung, um eine Handlung voranzutreiben. In Komödien triumphieren zuletzt Wahrheit und Ehre, doch grundlose Schuldzuweisungen führen auch zu Unglück und Tod.

3-MINUTEN EINWURF
In Shakespeares Werken findet sich das Wort »slander« beinahe hundert Mal, und das nicht nur in den Dramen. Eines seiner Sonette spricht von »jungfräulicher Tugend roh entehrt, und meisterliches Können tief gekränkt« (66) und ein anderes zum Thema »Zeichen der Verunglimpfung« stellt fest: »Was kann Dir's schaden, ob man Dich auch schmähe« (70). Der Dichter spricht von den »Mängeln, die an mir weiter kleben« (36), davon, »verschmäht« (29) zu sein und kommt zu der Erkenntnis, »'s wär besser, schlecht zu sein als nur zu scheinen« (121).

Das Motiv der Verleumdung

kommt in Shakespeares Werken immer wieder vor. In Bezug auf Frauen hat der Vorwurf immer mit deren Keuschheit oder Treue zu tun. In *Viel Lärm um nichts* überzeugt Don Juan Claudio davon, dass seine Verlobte Hero untreu ist. Als sie an ihrem Hochzeitstag bloßgestellt wird, fällt sie in so tiefe Ohnmacht, dass man sie für »zu Tode verleumdet« hält. Im *Wintermärchen* beschuldigt Leontes seine Frau Hermione öffentlich der Treuelosigkeit. Ihr Sohn Mamilius stirbt an einer auszehrenden Krankheit, die durch diese Anschuldigungen verursacht wird, ihre kleine Tochter wächst im Exil auf und die verschmähte Ehefrau täuscht 16 Jahre lang ihren Tod vor. In *Cymbeline* überzeugt Iachimo Posthumus davon, Imogen habe sich verführen lassen, worauf Posthumus einen Diener schickt, um sie zu ermorden. Alle diese Frauen überleben ihre Verleumdungen; für Othellos Desdemona gilt dies nicht. Wenn Männer Opfer falscher Beschuldigungen werden, geht es um Ehre und Macht. In *König Lear* wird der Earl of Gloucester von seinem unehelichen Sohn Edmund dazu verleitet, seinen rechtmäßigen Sohn Edgar eines Komplotts zu verdächtigen. Edgar verliert alles, führt aber seinen erblindeten Vater und verhindert dessen Selbstmord. *Richard II.* beginnt damit, dass Mowbray und Bolingbroke sich gegenseitig beschuldigen. Bolingbrokes Wiederherstellung seiner Ehre bedeutet gleichzeitig auch die Entmachtung seines Königs.

30-SEKUNDEN-QUERVERWEIS
THRONRAUB
Seite 40

OTHELLO
Seite 44

ANSEHEN
Seite 50

30-SEKUNDEN-TEXT
Ros Barber

Jagos falsche Vorwürfe in Bezug auf Desdemonas Tugend führen zu ihrer tragischen Ermordung durch Othello.

OTHELLO

Du bist ein General, der sehr

angesehen, aber auch ein bisschen berechenbar ist. Du hast Desdemona geheiratet, eine wunderschöne Frau, die deutlich jünger ist als du, und das ohne die Kenntnis oder Erlaubnis ihres Vaters. Er hält nichts von dir, weil du ein Moor bist, schwarz, ein Außenseiter in jeder Hinsicht. Deine Gattin verteidigt dich in der Öffentlichkeit, als ihr Vater dir vorwirft, sie mit Zauberei zur Ehe gezwungen zu haben. Sie ist eine junge Dame, die weiß, was sie will und dementsprechend handelt. Da erzählt dir Jago, dein zuverlässiger Fähnrich, dass Desdemona eine Affäre hat mit deinem jungen, galanten Leutnant Cassio. Glaubst du ihm? Wie viele Beweise brauchst du? – In *Othello* erforscht Shakespeare die Mechanismen von Eifersucht und Rache. Jago plant die Vereumdung Desdemonas, um sich dafür zu rächen, dass Othello nicht ihn, sondern Cassio befördert hat. Später erwähnt er als weiteres Motiv seinen Verdacht, dass Othello mit seiner Frau Emilia geschlafen hat. Für viele ist es verwunderlich, wie schnell es Jago vollbringt, Othellos volles Vertrauen in seine Frau in rasende Eifersucht und ihre Ermordung umzuwandeln. Jago spielt in hohem Maße mit Othellos Unsicherheit, die von seinem Alter und seiner Hautfarbe herrührt, doch das alleine ist vielleicht nicht der einzige Grund. Denn Othello merkt an, dass seine Frau »Augen hatte«, als sie sich für ihn entschied. Manche sehen Jago als eine Art Teufel, der sich an Schmerz und Unheil ergötzt, das er verursacht, und der Othello vom Himmel (sein Liebesglück) in die Hölle führt (Mord und Freitod). Andere meinen, dass Jagos Unterstellungen und seine geschickte Manipulation von Beweisen aus dem Bekanntenkreis von Desdemona unterstützt werden. Mit ihrer Koketterie, Willensstärke und Offenheit erregt sie Aufsehen in einer Gesellschaft, für die das Schweigen einer Frau gleichbedeutend ist mit ihrer Keuschheit. Nachdem ihn seine Eifersucht an den Rande des Wahnsinns gebracht hat, erstickt Othello seine Frau. Kurz bevor sie stirbt, schafft sie es noch, sich selbst die Schuld für ihren Tod zu geben. Ein letztes, gewissenhaftes Treuebekenntnis? Oder eine eindringliche Warnung an freimütige, unabhängige junge Frauen in einer Gesellschaft, die Gehorsam gegenüber den Vätern und Schweigen in der Öffentlichkeit erwartet? Der Tod Emilias, die kurz zuvor die Machenschaften ihres Mannes offenbart hat, beantwortet dabei kaum die Fragen, die Desdemonas letzten Worte aufwerfen. Als er von Jagos Verrat erfährt, zieht Othello einen Vergleich zwischen ihm und dem türkischen Feind, den er in Zypern bekämpfen soll (größtenteils der Schauplatz der Handlung). Anschließend begeht er Selbstmord. Wenngleich das Stück Fragen aufwirft in Bezug auf Rasse, Geschlecht, Stand und Liebe, hinterfragt Othello mit seiner letzten Ansprache und Handlung, wie gut wir uns selbst und einander kennen.

Jessica Dyson

AUFERSTEHUNG

Ein Drama in 30 Sekunden

Begründete sich Shakespeares

Liebe zur »Wiederauferstehung« mit dem zentralen Glaubenssatz des Christentums? Oder nutzte er sie nur als erzählerisches Stilmittel, das die treibende Kraft hinter Komödien und Tragödien sein kann? So oder so, Shakespeare liebte es, Tote aus dem Jenseits zurückzuholen. 33 seiner Charaktere in 18 seiner Stücke werden irrtümlich für tot gehalten, manche für einige Sekunden, andere für den Großteil der Handlung. Im Fall von Heinrich VI., Kleopatra und Desdemona handelt es sich nur um Voreiligkeit. Doch die zentralen Figuren im *Sturm* – darunter Prospero, Miranda, Ferdinand und Alonso – werden alle (von anderen im Stück) bis kurz vor Ende für tot erachtet. Vermeintlicher Tod in Meer oder See führt am häufigsten zur glücklichen »Wiederauferstehung«: zusätzlich zum *Sturm* sind *Was ihr wollt*, *Die Komödie der Irrungen* und *Perikles, Prinz von Tyrus* Stücke, die Fälle vermeintlichen Ertrinkens behandeln. Mehrere Figuren täuschen tatsächlich ihren Tod vor, meistens um sich aus einer Affäre zu ziehen: Hero in *Viel Lärm um nichts*, Helena in *Ende gut, alles* gut, Imogen in *Cymbeline*, Claudio in *Maß für Maß* und Falstaff in *Heinrich VI*. Julia schwindelt ihren Tod vor, um nicht Paris heiraten zu müssen; dadurch verliert sie Romeo, der sich das Leben nimmt. In den meisten Fällen leiten Wiederbelebungen jedoch den fröhlichen Ausgang von Komödien ein, wo beispielsweise Zwillinge oder andere Familienmitglieder wieder zusammengeführt werden.

3-SEKUNDEN SPICKZETTEL
Shakespeare verhalf Erzählungen über lebende Tote lange vor der heutigen Beliebtheit von Zombies und Vampiren zum Erfolg.

3-MINUTEN EINWURF
Das Wiedererwachen der lebensechten Statue Hermiones am Ende des *Wintermärchens* gilt als einer der überraschendsten Szenen Shakespeares. 16 Jahre zuvor wurde Hermione vor Gericht des Verrats und des Ehebruchs beschuldigt, woraufhin sie angeblich an gebrochenem Herzen starb. Ihre Rückkehr unter die Lebenden kann entweder als Wunder oder als Täuschung verstanden werden. Die Wiederbelebung findet sich nicht in Shakespeares Textquelle, Robert Greenes *Pandosto*; dass er dieser Tragödie einen glücklichen Ausgang verlieh hat, macht *Das Wintermärchen* zu einem »Problemstück«.

30-SEKUNDEN-QUERVERWEIS
VERWECHSLUNG
Seite 48

ELISABETHANISCHE MAGIE
Seite 118

ZAUBER & TRÄNKE
Seite 130

3-SEKUNDEN-BIOGRAFIEN
SIR JOHN OLDCASTLE
† 1417
Der ursprüngliche Name Falstaffs

ROBERT GREENE
1558–1592
Dramatiker und früher Romanautor

30-SEKUNDEN-TEXT
Ros Barber

Anfangs Statue, erwacht Hermione wieder zum Leben; andere Charaktere sind angeblich auf See verschollen oder benutzen Gift, um ihren Tod vorzutäuschen.

VERWECHSLUNG
Ein Drama in 30 Sekunden

In Shakespeares Dramen finden

sich zahlreiche Verwechslungen. Teilweise versehentlich: *Die Komödie der Irrungen* erzählt – kaum zu glauben – von zwei Zwillingspaaren mit je gleichem Namen. Meistens sind Verwechslungen allerdings beabsichtigt: in *Was ihr wollt* wird Viola, als Cesario getarnt, für ihren Zwillingsbruder Sebastian gehalten. Rosalinde verkleidet sich in *Wie es euch gefällt* ebenfalls und wird von Orlando, der sie zu lieben vorgibt, nicht erkannt. Portia (*Der Kaufmann von Venedig*) schlüpft in die Rolle eines »Advokaten«, um den Freund ihres Ehemanns zu retten. In einem vielschichtigen Fall von Personenverwechslung in *Cymbeline* hält Imogen (als Junge verkleidet) den kopflosen Körper ihres mutwilligen Vergewaltigers für den ihres Gatten. Falstaff tarnt sich in den *Lustigen Weibern von Windsor* als Frau, um sich vor dem eifersüchtigen Gatten zu retten, und sowohl Slender als auch Doktor Caius brennen mit Jünglingen statt mit den angebeteten Damen durch. Verwechslungen sind oft Triebfedern der Komödien; in Tragödien dagegen sorgen sie für Leid: Edgar, der sich als Tom of Bedlam ausgibt, wird weder von seinem erblindeten Vater, dem Earl of Gloucester, noch von König Lear und dessen Narren erkannt. In *Julius Cäsar* ermordet die Menge Cinna, den Dichter, den sie für einen Verräter hält. Und als Hamlet Orphelias Vater Polonius ersticht, in der Annahme, dass es sich um Claudius handelt, sät er die Saat seines eigenen Untergangs.

3-SEKUNDEN SPICKZETTEL
Dramen, die auf Verwechslungen basieren, zwingen uns zu hinterfragen, was echt und was vorgetäuscht ist an dem Auftreten, das wir ständig an den Tag legen.

3-MINUTEN EINWURF
Shakespeare benutzt zweimal den »bed-trick«, eine Form der Verwechslung, die sich schon im Alten Testament findet. In *Maß für Maß* schwärmt Angelo für Isabella und weigert sich, seine Verlobung mit Mariana anzuerkennen, weil ihre Mitgift auf See verloren gegangen ist. Isabella willigt ein, sich ihm eine Nacht lang bei völliger Dunkelheit hinzugeben, jedoch nimmt Mariana ihren Platz ein. In *Ende gut, alles gut* vollzieht Bertram unwissentlich seine Zwangsehe mit Helena, die er für eine andere hält.

30-SEKUNDEN-QUERVERWEIS
THRONRAUB
Seite 40

STARKE FRAUEN
Seite 108

30-SEKUNDEN-TEXT
Ros Barber

›Crossdressing‹ und ›identische Zwillinge‹ sind beliebte Stilmittel in Shakespeares Komödien.

ANSEHEN
Ein Drama in 30 Sekunden

Shakespeare interessiert sich für

Reputation: wie sie Menschen aufeinander reagieren lässt, wie wichtig sie für die Nachwelt ist. In seinen Stücken wird »die Seifenblase Ruhm« mühsam erworben und schnell verloren. Einmal betrunken bei einer Rauferei erwischt, beklagt Othellos Leutnant Cassio den Verlust seines guten Rufs. Für ihn ist er »ein unvergänglicher Teil« seiner selbst, der jenseits seines sterblichen Körpers weiterlebt. Für andere gilt Ansehen eher als unmittelbares Kennzeichen der Identität. In *Antonius und Cleopatra* durchlebt Antonius eine Identitätskrise und versucht, dem Verlust seiner Autorität mit seinem Ansehen entgegenzuwirken, indem er ruft: »Ich bin doch Antonius!« In *Heinrich VI.* hat Talbot ein so furchterregendes Ansehen, dass allein das Rufen seines Namens eine wirksame Waffe ist, und in *Heinrich IV.* ist es Percys Ruf als mutiger Militär, der den König wünschen lässt, sein Sohn Heinrich, für seine Eskapaden bekannt, wäre bei der Geburt vertauscht worden. Weibliche Charaktere müssen um ihr jungfräuliches Ansehen fürchten, so wird Hero (*Viel Lärm um nichts*) und Imogen (*Cymbeline*) mit dem Verlust ihres Gatten gedroht, wenn sie nicht durch genaue Prüfung diese Anschuldigungen entkräften. Das Publikum hat oft das Privileg, zwar um den Ruf zu wissen gleichzeitig doch die Wahrheit zu kennen, und so entsteht genau die dramatische Ironie, die es Shakespeare ermöglicht, Spannung aufzubauen.

3-SEKUNDEN SPICKZETTEL
Dadurch dass er viele Spielarten des Ansehens darstellt, kann Shakespeare Vertrauensverhältnisse und Formen natürlicher und künstlicher Identität erforschen.

3-MINUTEN EINWURF
Zwar sind die handelnden Figuren dem Publikum durch ihr offizielles Ansehen schon bekannt, doch dann beleuchtet Shakespeare ihren wahren Charakter einerseits und spielt mit ihren Identitäten andererseits: So legt Prinz Heinrich Wert auf ein schlechtes Ansehen, um später als König mit seiner wahren Persönlichkeit glänzen zu können, und es ist Jagos Ruf als »ehrlicher Mann«, der es dem Verleumder erlaubt, Othello eifersüchtig in den Wahnsinn zu treiben.

30-SEKUNDEN-QUERVERWEIS
VERLEUMDUNG
Seite 42

OTHELLO
Seite 44

KÄMPFER
Seite 102

3-SEKUNDEN-BIOGRAFIEN
SIR HEINRICH
»HEISSSPORN« PERCY
1364–1403
Englischer Adeliger, der gegen Heinrich IV. revoltierte

JOHN TALBOT
1387–1453
Der 1. Earl of Strewsbury

30-SEKUNDEN-TEXT
Jessica Dyson

Shakespeare untersucht, wie wichtig Ansehen und dessen Verlust für die Identität eines Charakters ist.

EXIL
Ein Drama in 30 Sekunden

30-SEKUNDEN-QUERVERWEIS
TEXTQUELLEN
Seite 20

VERLEUMDUNG
Seite 42

ANSEHEN
Seite 50

30-SEKUNDEN-TEXT
Ros Barber

Mehr als **20 Charaktere in Shake-**
speares Werken werden verbannt; einige, so wie
Prospero und Miranda (*Der Sturm*), von Beginn an
und andere, z. B. Valentine (*Zwei Herren aus Verona*), im Laufe der Handlung. Shakespeare analy-
siert ausführlich die Qualen des Exils in *Richard II.*
und *Romeo und Julia*: Thomas Mowbray beklagt
entsetzt die neue Wertlosigkeit seiner englischen
Muttersprache: »Und meine Zunge nützt mir nun
nicht mehr / als, ohne Saiten, Laute oder Harfe.« Als
Romeo von seiner Verbannung aus Verona erfährt,
bittet er Bruder Lorenzo: »Sei barmherzig, sage
›Tod‹.« Verbannung gilt als brutale Strafe, die oft zu
Unrecht über Shakespeares Helden und Heldinnen
verhängt wird. Der Graf von Kent (*König Lear*) wird
fortgeschickt, weil er sich als einziger Berater Lears
traut, diesem die Wahrheit zu sagen; Posthumus
(*Cymbeline*) wird aufgrund seiner Liebe zu Imogen
verbannt; Perdita (*Das Wintermärchen*) wird schon
als Neugeborene an der Küste eines fiktiven Böhmens
ausgesetzt und wächst im Exil auf, da ihre Mutter
fälschlicherweise des Ehebruchs beschuldigt wurde.
Doch manche Exile bedeuten einen Glücksfall: Predita
verliebt sich in Böhmen. Und sein Exil im Wald von
Arden ist für den Herzog Senior (*Wie es euch gefällt*)
»sorgenfreier als der falsche Hof«. Er findet »in
Steinen Lehre, Gutes überall«.

3-SEKUNDEN SPICKZETTEL
Shakespeare war fasziniert
vom dramatischen Poten-
zial der Verbannung, die
zwar aus Rache entsteht
und Tragik bedeutet, die
aber auch durch Gelassen-
heit der Verbannten zu deren Triumph werden kann.

3-MINUTEN EINWURF
Während ihres Spiels im
ersten Teil von *Heinrich IV.*
fleht Falstaff Prinz Heinrich an, (der seinen Vater
spielt), ihn nicht zu verbannen: »Den dicken
Hans verbannen, heißt alle
Welt verbannen.« Doch
in der Schlussszene von
Heinrich IV. gibt Heinrich –
nun König – Falstaff den
Befehl, ab sofort zehn
Meilen Abstand zu halten
und begründet dies damit,
»dass ich mein vor'ges
Selbst hinweggetan«.
Heinrichs Eintauchen in
die Unterwelt Eastcheaps
und die Rückkehr zu seinen
Pflichten ist vergleichbar
mit dem läuternden Exil
anderer Dramen.

*Verbannung und Exil
sind häufige Themen in
Shakespeares Dramen.
Prospero und Miranda
müssen in »Der Sturm«
im Exil leben.*

KENNTNISSE ◑

KENNTNISSE
GLOSSAR

Alchemie Eine unwissenschaftliche Form der Chemie, die u. a. Substanzen herstellen wollte. Ein besonderer Wert lag auf der Transformation unedler Metalle in Gold oder in ein lebens- spendendes Elixier.

Allegorie Eine Geschichte oder Dichtung, die auf etwas anderes verweisen will oder eine Bedeutung hat, die verallgemeinert werden kann, um Wahrheiten über die menschliche Natur zu offenbaren.

Allusion Eine indirekter Verweis mit dem Ziel, etwas in Erinnerung zu bringen, ohne es aus- drücklich zu erwähnen.

Apokryph Etwas von zweifelhafter Authentizi- tät, dem allerdings Echtheit nachgesagt wird.

Barbaresken Eine Region an der Mittel- meerküste Nordafrikas.

Böhmen Eine Region in Mitteleuropa, die sich heute in der tschechischen Republik befindet. Seine Hauptstadt war Prag.

Cordelia König Lears jüngste Tochter.

Korinth Ein historischer Stadtstaat am Isthmus von Korinth, wo Peloponnes und griechisches Festland zusammentreffen.

Exodus Das zweite Buch des Alten Testaments, in dem Moses die Juden auf der Suche nach dem gelobten Land aus Ägypten führt, das rote Meer teilt und die Zehn Gebote empfängt.

Vier Körpersäfte Die vier Körperflüssigkeiten, deren Balance für die menschliche Gesundheit als wesentlich galt. Diese Lehre der griechischen Antike war im Elisabethanischen England noch immer verbreitet. Die vier Körpersäfte (und Tem- peramente) waren Blut (lebhaft), gelbe Galle (cholerisch), schwarze Galle (melancholisch) und Schleim (gleichmütig).

Genesis Das erste Buch des Alten Testaments, in dem Gott in sechs Tagen die Welt (einschließ- lich Adam und Eva) erschafft.

Goneril König Lears älteste (und nieder- trächtige) Tochter

Historiendrama Ein Stück, das auf historischen Ereignissen basiert.

König Lear Eine der berühmtesten Tragödien Shakespeares und Name ihrer Hauptfigur.

Levante Das östliche Mittelmeer, das heutzutage Zypern, Israel, Jordanien, Libanon, Palästina, Syrien und Teilen der Südtürkei umfasst.

Makedonien Ein historisches Gebiet im Balkan, das von den Römern als Provinz etabliert wurde und das zwischen Albanien, Bulgarien und Griechenland liegt.

Physiologie Die wissenschaftliche Lehre von Vorgängen in lebenden Wesen.

Regan König Lears zweitälteste (und niederträchtige) Tochter

Renaissance Eigentlich »Wiedergeburt«, eine kulturelle Bewegung zwischen dem 14. und 17. Jahrhundert, die als Blütezeit von Literatur, Kunst und Forschung gilt und sich die klassischen Modelle der griechischen und römischen Antike als Vorbild nahm. Sie entstand in Italien und profitierte von der zunehmenden Verfügbarkeit von Papier und der Erfindung der Druckerpresse.

Shakespears Kanon Das vollständige literarische und dramatische Werk (Gedichte und Dramen), das Shakespeare hinterließ.

Tudor Das Haus Tudor herrschte in England von der Thronbesteigung Heinrichs VII. 1485 bis zum Tode Elisabeths I. 1603. Ihre Nachfolger waren die Stuarts.

SPRACHE & VOKABULAR

Ein Drama in 30 Sekunden

3-SEKUNDEN SPICKZETTEL
Shakespeare erfreute sich
am Sprachreichtum der
Renaissance, schätzte aber
auch seine Muttersprache,
wie die Beleidigungen
Falstaffs zeigen, der Prinz
Heinrich »stock-fish« und
»bull-pizzle« nennt.

3-MINUTEN EINWURF
Shakespeare ist sich
stets der Mehrdeutig-
keiten seines Vokabulars
bewusst. Unter anderem
nutzt er latinisierte Wörter
wie »honourable« und
»ambitious« ironisch in
Mark Antonius berühmter
Rede, doch spielt er auch –
durchaus schlüpfrig – mit
englischen Namen wie
Mistress Overdone (eine
»Bordellwirtin«) in *Maß
für Maß* und Doll Tears-
heet im 2. Teil von *Henry
IV.* Und als Romeo hört,
wie der tödlich verwundete
Mercutio meint, er sei morgen ein »grave man«, hat
sich Shakespeare erneut
ein Wortspiel erlaubt.

Das Elisabethanische London war
eine Weltstadt, bevölkert mit ausländischen Händ-
lern und Botschaftern. Shakespeares Werke spiegeln
wieder, wie sehr ihn die Begegnungen mit anderen
Kulturen und Sprachen inspirierte und begeisterte.
Wie bewandert er in Latein, Italienisch, Französisch
und vielleicht Griechisch und Spanisch war, ist unklar,
aber diese Sprachen liefern wesentliche Inspirationen
für Schauplätze, Namen und Vokabular in Shakespeares Dramen. Er bietet uns zum Beispiel kultur-
spezifische Begriffe wie »Chopines« im *Hamlet* (italienische Schuhe, die den Träger um etwa 50 cm über
den Straßenmüll erhöhten), gewagt lange Wörter wie
»honorificabilitudinitatibus« und eine Scheinlektion
im Lateinischen in *Verlorene Liebesmüh*. Vielleicht
war er einer der ersten Nutzer des »franglais« mit
seiner Mischung aus Französisch und Englisch in
Heinrich V., wo die französische Prinzessin Englisch lernt: »le col, de nick« (the neck), »le menton,
de sin« (the chin). War Shakespeares Wortschatz
außergewöhnlich, wie manche behaupten? Jüngste
Forschungen von Ward E. Y. Elliott und Robert J.
Valenza zeigen, dass er in seinen Werken ungefähr
30 000 verschiedene Wörter nutzte und vermutlich
weit mehr kannte. Sein Wortschatz ähnelt dem eines
modernen gebildeten Menschen. Doch Shakespeares
Sprache beeindruckt uns vor allem wegen ihrer
Vielschichtigkeit und sprachlichen Frische.

30-SEKUNDEN-QUERVERWEIS
TEXTQUELLEN
Seite 20

GEOGRAPHIE
Seite 70

REDEWENDUNGEN
Seite 84

30-SEKUNDEN-TEXT
Margrethe Jolly

*Die Sprache der Dramen
offenbart das welt-
offene Wesen des
elisabethanischen
Londons.*

BIBLISCHE BEZÜGE

Ein Drama in 30 Sekunden

Die Bibel hatte eine enorme, kulturelle Bedeutung zu Zeiten Shakespeares. In seinen Dramen haben Wissenschaftler haben mehr als 2000 biblische Bezüge verschiedenster Art gefunden. Die offensichtlicheren Anspielungen sind häufig mehrdeutig und oftmals provokativ. Wie sollen wir es verstehen, dass Bolingbroke sich selbst mit Gott vergleicht, als er in *Richard II.* behauptet, dass ihn das im Boden versickerte Blut eines ermordeten Mannes ruft, so wie in der *Genesis* Abels Blut Gott herberuft? Was hat es zu bedeuten, dass Gottes Nachricht an Moses »Ich bin, der ich bin« aus dem Buch *Exodus* umgekehrt wird, wenn der Bösewicht Jago verkündet, »Ich bin nicht, was ich bin«? Richard III. prahlt: »Und so bekleid' ich meine nackte Bosheit / Mit alten Fetzen, aus der Bibel gestohlen« – deutet dies einen Zusammenhang an zwischen Religion und der Korruption durch Macht? Shakespeare geht bei seinem Publikum von einer Vertrautheit mit der Bibel aus. So gibt es etwa Anspielungen auf zwei Daniels im *Kaufmann von Venedig*, die auf einem »zweiten Daniel« im apokryphen Buch *Susanna* basieren. Manche meinen, dass *Der Sturm* eine Allegorie der *Genesis* sei, für andere ist er eine Allegorie der *Apokalypse*. Die Vielfalt möglicher Deutungen biblischer Bezüge bietet jedenfalls bis heute ausreichend Gesprächsstoff.

3-SEKUNDEN SPICKZETTEL
Inmitten der biblischen Anspielungen flicht Shakespeare geschickt keltische Mythologie und die Götterwelt der griechischen und römischen Antike ein.

3-MINUTEN EINWURF
Einige behaupten, Shakespeares Werke ließen den Schluss zu, dass er heimlich Katholik gewesen sei; dass ihm Katholiken missfielen; dass er Jude war; dass er jesuitische Neigungen hatte; dass er praktizierender Anglikaner oder New-Age-Humanist war; dass er sich für Buddhismus interessierte; oder Agnostiker war. Seine Texte bieten ein Echo evangelischer wie auch katholischer Lesarten der Bibel. Sie umfassen zugleich philosophische Ideen, die zu beiden Konfessionen im Widerspruch stehen, was es nur noch schwieriger macht, seine persönlichen Überzeugungen zu erkennen.

30-SEKUNDEN-QUERVERWEIS
RELIGION & POLITIK
Seite 18

AUFERSTEHUNG
Seite 46

GEISTER
Seite 122

3-SEKUNDEN-BIOGRAFIEN
WILLIAM TYNDALE
ca. 1494–1536
Druckte 1526 die erste englische Version des neuen Testaments und wurde dafür in Antwerpen auf dem Scheiterhaufen verbrannt.

30-SEKUNDEN-TEXT
Robin Williams

Bezüge zur Bibel finden sich überall in Shakespeares Werk.

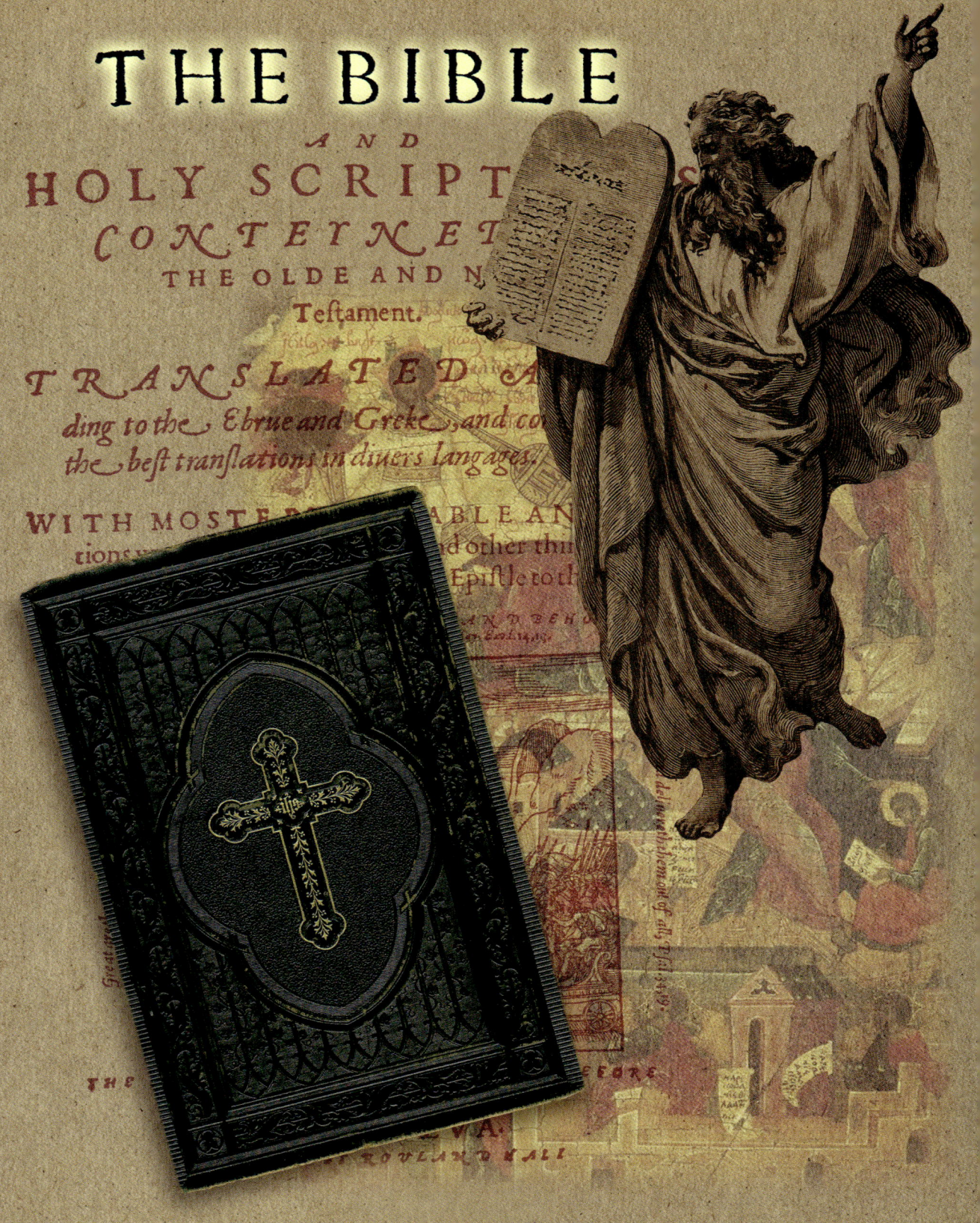

THE BIBLE

AND

HOLY SCRIPT͟ ͟S

CONTEYNE͟ ͟

THE OLDE AND N͟

Teſtament.

T R A N S L A T E D A͟

ding to the *Ebrue* and *Greke*, and co͟
the beſt tranſlations in diuers langages.

W I T H M O S T P͟ ͟ A B L E A N͟
tions w͟ ͟ ͟ ͟ ͟ d other thi͟
Epiſtle to th͟

MEDIZIN
Ein Drama in 30 Sekunden

Die medizinischen Kenntnisse, die sich bei Shakespeare finden, haben Physiker und Literaturwissenschaftler längst für außergewöhnlich befunden. Studien haben bestätigt, dass Shakespeare vertraut war mit zeitgenössischen Heilpraktiken und fachspezifischer Literatur, einschließlich Büchern über Anatomie, Physiologie, Chirurgie, Alchemie, Psychologie, ansteckende Krankheiten und hippokratische Therapien. Auch wenn sein medizinischer Scharfsinn bemerkenswert ist, sind es die sympathisch dargestellten Physiker und empirischen Heiler in seinen Dramen, die Shakespeare von anderen Autoren seiner Zeit unterscheiden. Laut dem *British Medical Journal* »liebte er sie, sein umsichtiger Geist sah die noblen Absichten der Medizin«. Cerimon (*Perikles*) und Helena (*Ende gut, alles gut*) besitzen beinahe magische Heilkräfte, während Bruder Lorenzo (*Romeo und Julia*) und Cornelius (*Cymbeline*) Tränke brauen können, die das Leben aussetzen lassen. Nur Doktor Zwick (*Komödie der Irrungen*) und Doktor Caius (*Die lustigen Weiber von Windsor*) werden auf eine Art und Weise persifliert, die im elisabethanisches Theater üblich war. Mehr als 700 medizinische Anspielungen sind in Shakespeares Stücken gezählt worden, viele davon mit Verweisen auf Galens Lehre der vier Körpersäfte oder andere klinische Themen, darunter Neurologie, Psychiatrie, Toxikologie, paracelsianische Homöopathie und Forensik.

30-SEKUNDEN-QUERVERWEIS
TEXTQUELLEN
Seite 20

AUFERSTEHUNG
Seite 46

ZAUBER & TRÄNKE
Seite 130

30-SEKUNDEN-TEXT
Earl Showerman

Seine Stücke zeigen ein ausgeprägtes Verständnis der Medizin; woher Shakespeare es bezog, bleibt ein Rätsel.

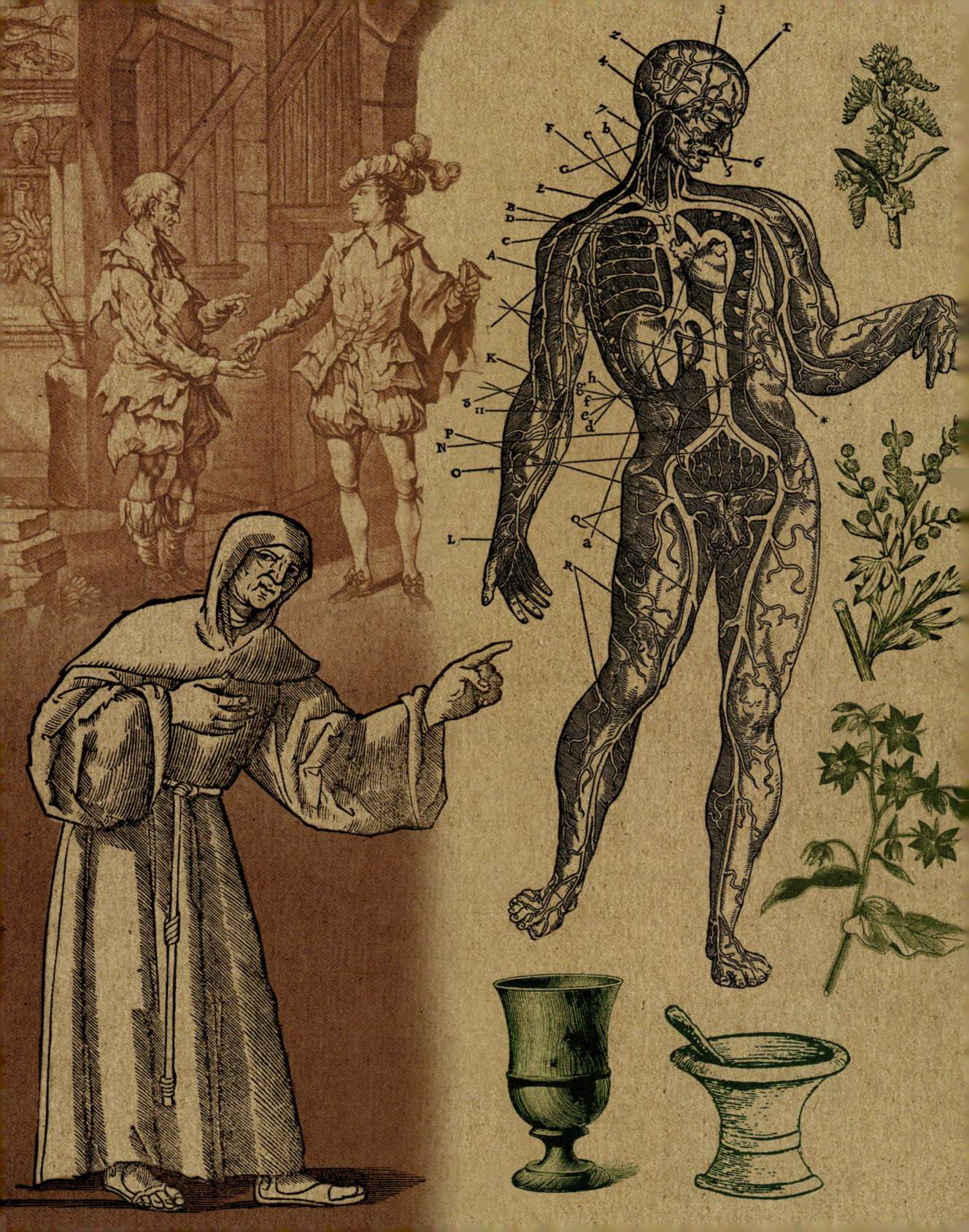

KÖNIG LEAR

König Lear **beginnt als mulmige** Mischung aus Historiendrama und Volksmärchen und endet als eines der düstersten Werke Shakespeares. Es scheint zunächst, dass die Feindschaft zwischen den Schwiegersöhnen des Königs, den Herzögen von Albany und Cornwall, die Handlung dominieren würde, da der alte König Lear entscheidet, abzutreten und das Königreich unter seinen Kindern aufzuteilen. Daraufhin unterzieht Lear seine drei Töchter Goneril, Regan und Cordelia einem Liebestest. Er verbannt Cordelia, die Jüngste, Allerliebste und Ehrlichste, weil sie ihrem Vater nicht mit Unaufrichtigkeit schmeicheln will. Wie in allen guten Geschichten muss Lears Eitelkeit und Torheit bestraft werden, bevor es zu einer Versöhnung kommen kann, doch das unaufhaltsame Verderben, das er durch seine Frage – »Welche von euch liebt Uns nun wohl am meisten?« – auslöst, zerstört das gesamte Königreich: Wahnsinn, Barbarei, Bürgerkrieg und eine Invasion folgen; und die Guten wie auch die Bösen und Naiven müssen leiden und sterben.

Verlangen, Notwendigkeit und Überfluss bestimmen das Drama. Lear möchte wissen, ob er geliebt wird und denkt in seiner Eitelkeit, Liebe könne gemessen werden. Töricht, wie er ist, setzt er überschwängliche Worte mit wahren Gefühlen gleich und vergisst dabei, dass nichts *zu sagen* nicht dasselbe ist wie nichts *zu fühlen*. Die Schönheit majestätischer Roben und das förmliche Zeremoniell am Hof – die Exzesse seines königlichen Gebarens – werden beiseite geschoben, um bloße Menschlichkeit vorzuführen. Vertrieben von allem, was er kennt und liebt, wird Lear verrückt und erzürnt angesichts des heftigen Sturms, der seine Verwirrung widerspiegelt und ihm seine menschlichen Bedürfnisse bewusst macht. Gefühle wie Entfremdung, Vereinsamung, Leid und Ausgrenzung erfährt und teilt er in der Gesellschaft seines Narren, eines Dieners, eines Bettlers und eines Blinden. Lears Töchter Goneril und Regan offenbaren eine Form der Menschlichkeit, die habgierig, grausam und rachsüchtig ist. Sie wenden sich von ihrem Vater ab und richten einander, wodurch sie die Zerstörung vollenden, die Lear begonnen hat. Darüber hinaus bietet Shakespeare eine parallele Handlung, die von einem anderen Vater – dem Earl of Gloucester – und seinen Söhnen handelt, Edmund und Edgar. Als der »Bastard« Edmund Pläne gegen den »rechtmäßigen« Edgar schmiedet, wird eine weitere Familie zerstört und dem Earl in einer der schrecklichsten Szenen Shakespeares das Augenlicht genommen.

Es kommt zur ersehnten Versöhnung zwischen Cordelia und ihrem Vater, doch es gibt kein Happyend in *König Lear*. Um all dem Leid in dieser universalen Tragödie Einhalt zu gebieten, verpasste ihr Nahum Tate 1681 einen glücklichen Ausgang – Lear lebt, Cordelia und Edgar heiraten. Die Version Tates wurde bis 1838 aufgeführt, ehe Shakespeares Original wieder zu Ehren kam.

Lynn Robson

GESETZ
Ein Drama in 30 Sekunden

Kritiker sind sich nicht einig, ob
der Dramatiker grundlegende oder eher spezialisierte
Rechtskenntnisse hatte. Allerdings beweist er
immer wieder beeindruckende Einsichten in Rechts-
angelegenheiten. In *Hamlet* hinterfragt der Totengräber das christliche Begräbnis Orphelias, nachdem
sie sich ertränkt hat; damals konnte ein Selbstmörder
nicht auf geweihtem Boden bestattet werden. Der
Totengräber erörtert: Stieg Orphelia ins Wasser oder
kam das Wasser zu ihr? Wäre Letzteres der Fall, er-
tränkte sie sich nicht selbst. Sein Diskurs gibt geist-
reich den tatsächlichen Rechtsfall des Hales v. Pettit
aus dem Jahre 1560 wieder; es ist das Wissen eines
Fachmanns. Besser bekannt ist Shylock, der im *Kaufmann von Venedig* fordert, Antonio möge seine Bürg-
schaft mit einem Pfund seines Fleisches zahlen. Dies
wird genehmigt, solange Shylock dabei nicht einen
Tropfen Blut vergießt. Es ist vielleicht nur kleinliche
Haarspalterei, doch rettet es Antonios Leben. In *Maß
für Maß* macht der falsch ernannte Angelo ein un-
geheuerliches Angebot – falls die angehende Nonne
Isabella mit ihm schlafen werde, ließe er ihren Bruder
Claudio leben. Angelo missbraucht Autorität und
Gesetz und bezahlt dafür zu Recht. »Dass wir alle
Rechtsgelehrte umbringen«, sagt Märten der Metzger
in 2. Teil von *Heinrich VI.* – für Shakespeare allerdings
waren Recht und Rechtssprache ein wesentlicher Bestandteil seiner Dramen.

3-SEKUNDEN SPICKZETTEL
Shakespeare verwendet
mühelos juristische Fach-
sprache, Rechtsvertreter
und sogar Gerichtsver-
handlungen als Inspiration
für komische, moralische
oder dramatische Ele-
mente.

3-MINUTEN EINWURF
Edmond Malone fragte
sich, ob Shakespeare An-
waltsgehilfe war, doch dafür gibt es keinerlei Beweise. Sicherlich war William
Shakespeares Leben zeit-
weise reich an Prozessen,
schließlich reichte er in
Stratford eine Klage gegen
einen Schuldner ein und
war Zeuge in einem Lon-
doner Gerichtsfall. Aber in
seinen Stücken war das Interesse des Schriftstellers
für die Jurisprudenz meist
theatralischer Natur. So
z. B. im *Wintermärchen*, als
Königin Hermione vor Ge-
richt des Ehebruchs bezich-
tigt wird und sich selbst
mit einer ergreifenden Ansprache verteidigt.

30-SEKUNDEN-QUERVERWEIS
HAMLET
Seite 22

VERLEUMDUNG
Seite 42

3-SEKUNDEN-BIOGRAFIEN
EDMOND MALONE
1741–1812
Bedeutender irischer Shakespeare-Gelehrter und Herausgeber

30-SEKUNDEN-TEXT
Margrethe Jolly

*William Shakespeare
schätzte das Drama
des Gerichtshofs, wie
die Szene des Gerichts-
prozesses im ›Kauf-
mann von Venedig‹
zeigt.*

GESCHICHTE
Ein Drama in 30 Sekunden

Shakespeare war im Laufe seiner

Karriere wahrscheinlich Verfasser und Co-Autor von nicht weniger als zehn englischen Historiendramen. Seine Hauptquellen waren aller Voraussicht nach die Chroniken von Raphael Holinshed und Edward Halle, jedoch bediente er sich seines Materials oft sehr freimütig: er verschmolz historische Figuren, ließ Jahre zu Minuten schrumpfen und brachte Tote zurück ins Leben. Obwohl Jeanne d'Arc erst zehn Jahre alt war, als Heinrich V. starb, lässt Shakespeare seinen Tod mit ihrem Aufstieg einhergehen, während sich die Machtverhältnisse zwischen England und Frankreich im 1. Teil von *Heinrich VI.* verschieben. Im 2. Teil hat Harry Percy (oder »Heißsporn«), eigentlich 22 Jahre älter, dasselbe Alter wie Prinz Heinrich, dem er in den Augen des Königs ein Rivale und Mittel zur Ehrenrettung ist. In der Tat dient Percys Tod durch Heinrichs Schwert – eine Erfindung Shakespeares – als ein Zeichen seiner Läuterung vom verschwenderischen Sohn zum zukünftigen König. Für Shakespeare waren historische »Fakten«, wenn es so etwas im damaligen England überhaupt gab, zweitrangig angesichts eines unterhaltsamen Schauspiels: Richard III. ist im Drama noch blutrünstiger als in den Chroniken, wodurch er zu einem beachtenswerten und faszinierenden Bösewicht wird. Nichtsdestotrotz bleiben Shakespeares Themen in allen seinen Geschichten gleich: das Königtum, das Schicksal und jene Kräfte, die die Geschichte selbst vorantreiben.

3-SEKUNDEN SPICKZETTEL
Shakespeares englische Historiendramen nutzen Chroniken als Vorlage, doch er war immer an erster Stelle ein Bühnendichter und erst an zweiter ein Historiker.

3-MINUTEN EINWURF
Anfang des 20. Jahrhunderts behaupteten einige, Shakespeares englische Geschichtsstoffe verbreiteten den »Tudor-Mythos« – die Idee, dass Henry Tudor von Gott zum König erkoren worden sei und England den Frieden brächte, indem er die sich bekriegenden Häuser von Lancaster und York vereine. Andere stellten dies in Frage. Tatsächlich argumentierten manche, die Welt der Shakespeareschen Historiendramen sei keinesfalls im Reinen, sondern unterläge vielmehr Machenschaften intriganter und heuchlerischer Politiker.

30-SEKUNDEN-QUERVERWEIS
POLITISCHE VERÄNDERUNG
Seite 38

THRONRAUB
Seite 40

3-SEKUNDEN-BIOGRAFIEN
EDWARD HALLE
1497–1547
Anwalt und Historiker

RAPHAEL HOLINSHED
1529–1580
Chronist der englischen Geschichte

30-SEKUNDEN-TEXT
Lee Joseph Rooney

Shakespeare nutzte historische Ereignisse und Persönlichkeiten als Vorlage, aber er hielt sich nicht immer an die Fakten.

GEOGRAPHIE
Ein Drama in 30 Sekunden

Auch wenn Shakespeare England nie verlassen hat, offenbaren seine Stücke eine Faszination für Geographie und vereinzeltes Fachwissen aus scheinbar erster Hand. Die meisten Schauplätze seiner Stücke entsprechen denen der Originalgeschichten, aber innerhalb dieser Schauplätze wanderte Shakespeares Phantasie von den Barbaresken, Algier und Alexandria bis zu »den wilden Öden Arabiens« und von da aus nach Damaskus, Aleppo und Ephesos. Othello vergleicht seine Wut »mit der zur pontischen See«, mit einer Macht, die »unaufhaltsam in den Propontis und Hellespont« rollt. Shakespeare streift von Korinth, Makedonien und den Peloponnes hoch bis nach Island und im Süden hinunter bis nach Australien, mit zahlreichen Verweisen auf Frankreich, Italien, Spanien, Deutschland und Böhmen. Shakespeare erwähnt sogar Amerika und Mexiko. Großbritannien spielt mit Abstand die wichtigste Rolle, zu sehen an den alten britischen Erzählungen *König Lear*, *Cymbeline*, *Macbeth*, dem zeitnahen *Die lustigen Weiber von Windsor* und der englischen Geschichte und ihren Kriegen, denen sich mehr als ein Drittel des Kanons widmet. Selbst wenn ein Stück in einem Land wie Italien spielt, benutzt Shakespeare oft typisch englische Anspielungen. Beispielsweise behauptet Schlau in *Der widerspenstigen Zähmung*, er komme aus Burton-heath (Barton-on-the Heath) in Warwickshire und Salarino bezieht sich im *Kaufmann von Venedig* auf die Goodwin Sands bei Kent.

3-SEKUNDEN SPICKZETTEL
Bilder von Metropolen, Erzählungen Reisender, spektakuläre Karten und eigenständige Erkundigungen – all dies regte Shakespeares Phantasie an.

3-MINUTEN EINWURF
Königin Elisabeth I. vereinbarte mit dem türkischen Sultan ein Reise- und Handelsabkommen und veranlasste zu dessen Einhaltung die Gründung einer Handelsgesellschaft (*Levante Company*). Stücke über Türken wurden inszeniert und Reisende berichteten spannend über den Osten. Engländer blieben in Konstantinopel und »wurden Türken«, während türkische Besucher in London nichts Ungewöhnliches waren. Vielleicht sollten wir uns nicht wundern, dass Shakespeare diesen Teil der Welt hundert Mal in seinen Stücken erwähnt.

30-SEKUNDEN-QUERVERWEIS
SPRACHE & VOKABULAR
Seite 58

3-SEKUNDEN-BIOGRAFIEN
SIR JOHN MANDEVILLE
ca. 1357
Mutmaßlicher englischer Reisende, der den Osten erkundete

EDWARD BARTON
1562–1598
Englischer Botschafter in Konstantinopel

30-SEKUNDEN-TEXT
Robin Williams

Auch wenn Shakespeare selbst nie im Ausland gewesen war, fand er Inspiration in zahlreichen Reiseberichten.

KUNST
Ein Drama in 30 Sekunden

Woher hatte Shakespeare sein Wissen über italienische Renaissancekunst? In der Einführung zu *Der widerspenstigen Zähmung* werden Christoph Schlau, einem Kesselflicker, der sich aufgrund einer List für einen Lord hält, drei »laszive« Bilder versprochen: »Adonis, ruhend an dem klaren Bach / Und Cytherea [Venus], ganz im Schilf versteckt«; die Maid Jo »betrogen ward und überrascht«; und Daphne »flüchtend durch den dorn'gen Wald, zerritzt die Beine [...] und bei dem Anblick traurig wein' Apollo«. Die Quellen für Shakespeares Beschreibungen sind nicht literarisch: An keiner Stelle versteckt sich Ovids Venus an einem Bach; seine Jo wird brutal vergewaltigt; die Beine seiner Daphne bluten und sein Apollo weint nicht. Tatsächlich sind zwei der Gemälde identifiziert worden, als *Venus und die Rose* von Luca Penni und als Corregios *Jo*. Just als die Heldin in *Lucretia* tief trauert, wird die Erzählung von scheinbar 200 unnötigen Zeilen unterbrochen, die alle bis ins kleinste Detail ein enormes und vielschichtiges Gemälde der trojanischen Krieges beschreiben; der Grund ist nicht klar. Shakespeare nennt nur einen Künstler namentlich: den »großen italienischen Meister« Giulio Romano, der angeblich die Statue der Hermione im *Wintermärchen* schuf. Wissenschaftler dachten einst, dass Shakespeare sich irrte, als er Romano, bekannt für seine Gemälde, zum Bildhauer machte, doch der Schriftsteller hatte in der Tat Recht.

30-SEKUNDEN-QUERVERWEIS
KLASSISCHE EINFLÜSSE
Seite 24

GEOGRAPHIE
Seite 70

3-SEKUNDEN-BIOGRAFIEN
ANTONIO ALLEGRI
DA CORREGIO
1489–1534
Maler

GIULIO ROMANO
1499–1546
Maler, Bildhauer und Architekt

LUCA PENNI
1500–1556
Maler

30-SEKUNDEN-TEXT
Ros Barber

3-SEKUNDEN SPICKZETTEL
Seine Leidenschaft für die Kunst der italienischen Renaissance ließ Shakespeare die Struktur einer seiner Dichtungen zerstören; woher er sein Wissen nahm, ist unklar.

3-MINUTEN EINWURF
Shakespeare erfreute sich an lebensechter Kunst. Hermiones Statue war so naturgetreu, dass »man mit ihr sprechen und Antwort erwarten möchte«. In *Cymbeline* sagt Iachimo über die Dekorationen in Imogens Schlafgemach: »Nie sah ich Bilder / So durch sich selbst erklärt«; Ähnliches findet sich in Lucrezias Beschreibung Trojas. Shakespeare pries die Kunst für ihre Fähigkeit, sich unserer zu bemächtigen.

Shakespeare war mit der Kunst der italienischen Renaissance vertraut, etwa mit Corregios ›Jo‹.

KOMPONENTEN

KOMPONENTEN
GLOSSAR

Anapäst Eine Rhythmik der metrischen Dichtung mit dem Betonungsschema schwach-schwach-stark.

Blankvers Eine Verszeile, die rhythmisch strukturiert ist, aber sich nicht reimt. Blankverse sind gewöhnlich als jambische Fünfheber geschrieben, was heißt, dass fünf Mal pro Zeile eine betonte auf eine unbetonte Silbe folgt. Blankverse unterscheiden sich von freien Versen, die sich weder reimen noch einen festen Rhythmus aufweisen.

Cister Ein Saiteninstrument aus der Renaissance, ähnlich einer heutigen Gitarre.

Theaterkompanie Der elisabethanische Begriff für eine Gruppe von Schauspielern, die Stücke einstudierten und gemeinsam auftraten.

Reimpaar Zwei aufeinander folgende Verszeilen, die sich miteinander reimen.

Versfuß Metrische Einheiten, die eine Verszeile entweder in zwei oder drei Silben aufteilen. Versfüße haben je nach Betonungsschema verschiedene Namen. Ein jambischer Versfuß hat das Schema schwach-stark.

Freier Vers Vers ohne rhythmisches oder klangliches Muster.

Parterrebesucher Diejenigen, die einen Penny Theatereintritt zahlten, aber keinen extra Penny für einen Platz. Während des ganzen Auftritts standen die Parterrebesucher im Hof vor der Bühne.

Jambische Fünfheber Eine Zeile, die aus fünf metrischen Einheiten (»Versfüßen«) besteht, von denen mindestens drei »Jamben« (Betonungsschema schwach-stark) sind. Ein völlig normaler Fünfheber hat fünf Mal den Rhythmus schwach-Stark: j-AM-j-AM-j-AM-j-AM-j-AM.

Innuendo Eine meist abfällige oder zweideutige Anspielung auf eine Person oder einen Gegenstand.

Laute Ein Zupfinstrument mit einem birnenförmigen Korpus und einem langen Hals, das häufig für die weltliche Musik des Mittelalters verwendet wurde und in der Renaissance beliebt war.

Metapher Ein rhetorisches Stilmittel, bei dem das eigentlich Gemeinte durch etwas Ähnliches ersetzt wird, etwa »Leben ist nur ein wandelnd Schattenbild«.

Metrik Die Gliederung von Wörtern in eine regelmäßige rhythmische Struktur, insbesondere durch Betonungsmuster der Silben.

Prosa Geschriebene oder gesprochene Sprache in ihrer gewöhnlichen Form ohne irgendeine dichterische Struktur (etwa Metrik). Dieser Satz war z. B. Prosa.

Reime Wenn zwei Wörter sehr ähnlich klingen, bilden sie einen Reim. Bei einem perfekten Reim haben zwei Wörter identische klingende Vokale und enden auf demselben Konsonant, wie z. B. Reim und Leim. Dabei ist es nicht wichtig, wie die Wörter buchstabiert werden, sondern nur wie sie klingen.

Biedere Handwerker Die sechs Charaktere im *Sommernachtstraum*, die »das Stück im Stück« *Pyramus und Thisbe* aufführen. Ihre Name leitet sich von der Tatsache ab, dass sie alle Handwerker sind.

Satire Eine Form der Komödie, die Ironie, Überspitzung und Spott nutzt, um das Verhalten einzelner Personen bloßzustellen und zu kritisieren.

Vergleich Eine rhetorisches Stilmittel, bei dem eine Sache direkt mit einer anderen verglichen wird, z. B. »Alter gleicht den Winterschauern«.

Soliloquy Ein Selbstgespräch einer Figur, das – anders als beim Monolog im Allgemeinen – nur das Publikum zu hören bekommt.

Strophe Ein anderer Begriff für eine Versgruppe in der Poesie. Statt: »dieses Gedicht hat sechs Verse«, sagt ein Dichter: »dieses Gedicht hat eine Strophe.«

»Swain« Ein junger Liebhaber oder Verehrer, gewöhnlich vom Lande.

Tabor Eine kleine Trommel, die normalerweise eine Flöte oder eine Querpfeife begleitete, die von derselben Person gespielt wurde.

Tetrameter Eine Zeile, die aus vier Versfüßen besteht, die rhythmisch alle identisch sind.

Trochäus Ein Versfuß mit dem Betonungsschema stark-schwach.

BLANKVERS
Ein Drama in 30 Sekunden

Drei Viertel der Bühnenstücke

Shakespeares sind in Blankversen geschrieben. Auch wenn häufig mit dem freien Vers verwechselt, hat der Blankvers ein regelmäßiges Reimschema (auch Metrum genannt). Er ist »blank«, da die Endungen der Verszeilen reimlos sind. Die Standardmetrik eines Blankverses ist der jambische Fünfheber; eine Zeile, die aus fünf metrischen Einheiten (»Versfüßen«) besteht, von denen ein Großteil »Jamben« (Betonungsschema schwach-stark) sind. Deshalb haben die meisten Zeilen in Shakespeares Stücken zehn Zeilen. Jambische Fünfheber lassen sich jedoch abwandeln: bis zu zwei Versfüße können durch andere Betonungsmuster ersetzt werden (wie z. B. einen Anapäst, schwach-schwach-stark, oder einen Trochäus, stark-schwach). Wenn eine Zeile eine sogenannte »weibliche« Endung hat, endet sie auf einer unbetonten Silbe. Einige der berühmtesten und eindringlichsten Zeilen Shakespeares variieren das Blankversschema: to BE / or NOT / to BE / THAT is / the QUES / tion. Der Blankvers kommt dem natürlichen Rhythmus der englischen Sprache nahe, was ihm erlaubt, weniger gesittet zu klingen als gereimte Verse. Doch eine Zeilenlänge, die eine Einheit länger als das Normmaß (4/4) und der Tetrameter-Singsang von Kinderreimen ist, und regelmäßig variierende Betonungen überhöhen die Sprache. Schlüsselreden und Soliloquien werden in Blankversen geschrieben, auch Calibans Protest im *Sturm*.

30-SEKUNDEN-QUERVERWEIS
REIME
Seite 80

PROSA
Seite 82

3-SEKUNDEN-BIOGRAFIEN
HENRY HOWARD
1516/17–1547
Earl of Surrey, Dichter

THOMAS NORTON
1532–1584
Anwalt, Politiker und Dichter

THOMAS SACKVILLE
1536–1608
Staatsmann, Poet und Bühnenautor

30-SEKUNDEN-TEXT
Ros Barber

3-SEKUNDEN SPICKZETTEL
Shakespeares Stücke sind größtenteils in Blankversen geschrieben: jambische, nicht reimende Fünfheber. Das Drama in Blankversen war absolut neu; Shakespeare machte es zu etwas Außergewöhnlichem.

3-MINUTEN EINWURF
Henry Howard, der Earl of Surrey, schrieb als Erster in seiner Übersetzung des *Aeneis* (ca. 1540) in Blankversen. Das erste Stück in Blankversen war *Gorboduc* (1561) von Thomas Norton und Thomas Sackville. Christopher Marlowe war der erste englische Autor, der das volle Potenzial des Blankverses ausschöpfte und ihn zu einer etablierten Versform für das Schauspiel machte (zuvor war dies der Reimvers gewesen). Anschließend wurde das Blankvers-Drama von Shakespeare perfektioniert und popularisiert.

Shakespeare perfektionierte den Blankvers mit seiner dynamischen Reihenfolge betonter und unbetonter Silben.

REIME

Ein Drama in 30 Sekunden

Auch wenn ein Großteil seiner

Dichtung im reimlosen Jambischen Fünfheber (»Blankvers«) geschrieben ist, spielten Reime für Shakespeare eine wichtige Rolle. Tatsächlich war er zu Lebzeiten offenbar für seine Mühelosigkeit im Umgang mit Reimen bekannt. So nennt ihn sein Zeitgenosse Francis Mere »wohlklingend und honigzüngig«. Nicht nur seine langen poetischen Erzählungen *Venus und Adonis* und *Lucretia* bestehen vollständig aus gereimten Strophen, sondern auch 152 seiner 154 Sonette teilen Shakespeares bevorzugtes »englisches« Reimschema. In seinen Dramen verwendete Shakespeare Reime auf unterschiedlichste Art und Weise. Sie beleben und erheitern die Atmosphäre von Komödien wie *Ein Sommernachtstraum*, *Wie es euch gefällt* und die *Komödie der Irrungen*, indem sie den Stücken mit Musik ähnlichen Klängen Schwung verleihen. Besonders in seinen frühen Stücken nutzte Shakespeare Reime, um die Stimmung eines Moments zu ändern. Charaktere wechselten zu gereimter Sprache als Symbol emotionaler Intensität und/oder zur Verdeutlichung belasteter, zwischenmenschlicher Bindungen. Schließlich dienen Reime oft dazu, lange Reden oder Szenen durch den poetischen Schnörkel eines »Paarreims« abzuschließen (zwei aufeinander folgende Zeilen, die sich miteinander reimen).

3-SEKUNDEN SPICKZETTEL
So wie sie den Klang seiner Poesie und die Stimmung seiner Szenen formen, bilden Reime einen wesentlichen Bestandteil der Werke Shakespeares.

3-MINUTEN EINWURF
Zu Zeiten Shakespeares sagte man Reimen eine fast magische Kraft über Leser und Zuhörer, die die Menschen mit etwas beglücken, was Sir Philip Sidney in seiner *Defence of Poesy* als »gewisse Musik für die Ohren« beschrieb. Für einige religiös geneigte Zeitgenossen galt der Einfluss der Reime als verführerisch und daher als möglicherweise gefährlich, von Dichtern wie John Milton wurden sie gänzlich abgelehnt als »kein notwendiges Attribut oder wahre Zierde eines [...] guten Verses«.

30-SEKUNDEN-QUERVERWEIS
DIE SONETTE
Seite 28

BLANKVERS
Seite 78

PROSA
Seite 82

3-SEKUNDEN-BIOGRAFIEN
SIR PHILIP SIDNEY
1554–1586
Dichter und Hofbeamter

FRANCIS MERES
1565–1647
Autor

JOHN MILTON
1608–1674
Dichter und Autor von *Das verlorene Paradies*

30-SEKUNDEN-TEXT
Kirk Melnikoff

Shakespeare nutzte die melodischen Qualitäten des Versreims sowohl in seinen Gedichten als auch in seinen Dramen.

Thus he, that over-rul'd, I over-ſway'd;
Leading him Priſoner in a red Roſe Chain.
Strong temper'd Steel, his ſtronger Strength obey'd,
Yet was he ſervile to my coy Diſdain.
Oh be not proud, nor brag not of thy Might,
For maſtring her, that foil'd the God of Fight!

Might,
Fight!

Touch but my Lips with thoſe fair Lips of thine,
(Tho' mine be not ſo fair, yet they are red)
The Kiſs ſhall be thine own, as well, as mine.
What ſeeſt thou in the Ground? Hold up thy Head;
Look in mine Eye-balls, where thy Beauty lies,
Then why not Lips on Lips, ſince Eyes on Eyes?

lies,
Eyes?

Art thou aſham'd to kiſs? Then wink again,
And I will wink, ſo ſhall the Day ſeem Night,
Love keeps his Revels, where there be but twain
Be bold to play, our Sport is not in Sight.
Theſe blew-vein'd Violets whereon we lean
Never can blab, nor know they what we mean.

lean
mean.

The tender Spring, upon thy tempting Lip,
Shews thee unripe; yet may'ſt thou well be taſted.
Make uſe of Time, let not Advantage ſlip,
Beauty within it ſelf would not be waſted.
Fair Flowers, that are not gather'd in their Prime,
Rot and conſume themſelves in little time.

Prime,
time

Were I hard favour'd, foul, or wrinkled old,
Ill-natur'd, crooked, churliſh, harſh in Voice,
O'er-worn, deſpiſed, rheumatick and cold,
Thick-ſighted, barren, lean, and lacking Juice,
Then might'ſt thou pauſe, for then I were not for thee.
But, having no Defects, why doſt abhor me?

thee.
me?

VENUS AND ADONIS.

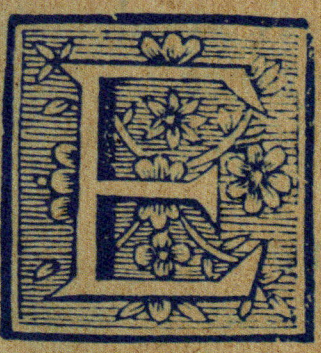

EVEN as the Sun, with purple colour'd Face,
Had ta'n his laſt Leave of the weeping Morn.
Roſe-cheek'd *Adonis* hied him to the Chaſe:
Hunting he lov'd, but Love he laught to Scorn.
Sick-thoughted *Venus* makes amain unto him,
And like a bold-fac'd Suter 'gins to woo him.

PROSA

Ein Drama in 30 Sekunden

Im Gegensatz zu Blankvers ist

Prosa Sprache in ihrer normalen Form ohne eine metrische Struktur. Sie gibt Charakteren einen natürlicheren Redestil. Allerdings ist Shakespeares Prosa oft sehr strukturiert und rhythmisch; ein Beispiel ist die Rede des Torwächters in *Macbeth*. In den frühen Stücken wird Prosa üblicherweise in komischen Situation und von Charakteren mit niedrigem Status verwendet. Doch der Bühnenautor begann schnell, Prosa öfters und vielfältiger zu gebrauchen. Prosa spielt häufig eine wichtige Rolle als situationsbedingter Kontrapunkt zur Versdichtung; der sprachliche Wechsel zwischen Prosa und Versform kann Dinge über Charaktere oder Umstände verraten, vor allem wenn jemand Prosa nutzt, der sonst in Versform spricht. Zum Beispiel spricht Lear als König normalerweise in Versform, doch er schimpft in Prosa, als er seinen Verstand verliert. In *Julius Caesar* ist die Ansprache des Adeligen Brutus an die Bürger in Prosa und Heinrich V. umwirbt Katharina von Frankreich ebenfalls in Prosa. Hamlet sinniert in Prosa über den Schädel Yoricks. Prosa ist sowohl ein Anzeichen für Herumgealbere, Witz oder Wahnsinn als auch für einen aufmerksameren oder vernünftigeren Zustand von Geist, Pathos und Einfachheit. Der sprachliche Wechsel hat immer etwas zu bedeuten und der Leser kommt in den Genuss, genau diese Bedeutung zu erraten.

3-SEKUNDEN SPICKZETTEL
Wenn ein Charakter Shakespeares in Prosa statt in Reimen spricht, hat das meistens etwas zu bedeuten.

3-MINUTEN EINWURF
Sieht man einen Bühnenauftritt, ist es schwer zu sagen, ob ein Darsteller in Versform oder in Prosa spricht. Liest man jedoch den Text, gibt es einen optischen Anhaltspunkt: der erste Buchstabe jeder Verszeile beginnt mit einem Großbuchstaben und die Länge der Zeilen variiert. Im Falle von Prosa stoßen die Sätze aufeinander und die Schrift ist gewöhnlich in einzelne Absätze gesetzt.

30-SEKUNDEN-QUERVERWEIS
BLANKVERS
Seite 78

REIME
Seite 80

REDEWENDUNGEN
Seite 84

30-SEKUNDEN-TEXT
Robin Williams

Shakespeare nutzte Prosa für Komik, um den Status eines Charakters hervorzuheben oder um einen Gefühlswandel zu signalisieren.

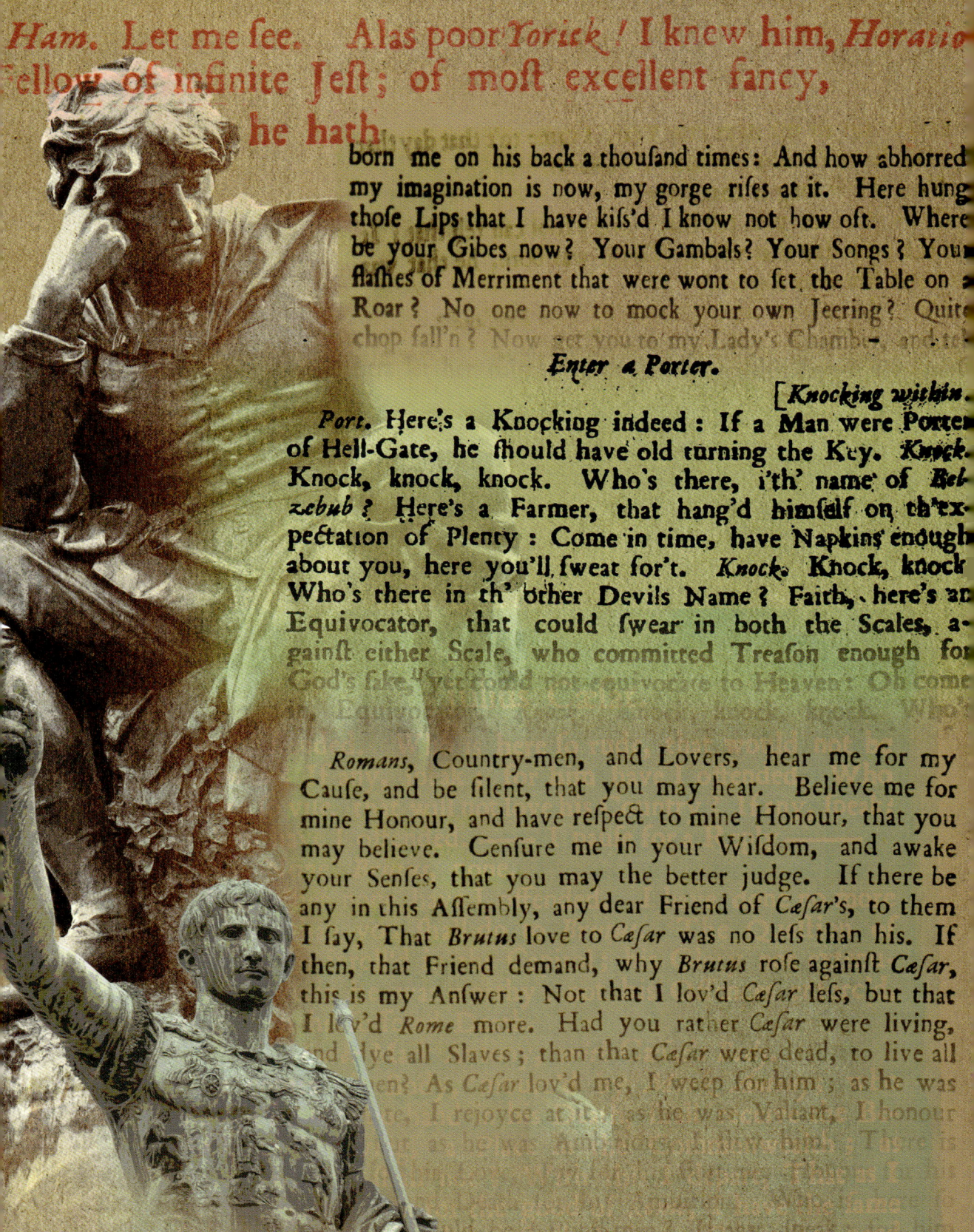

Ham. Let me see.   Alas poor *Yorick!* I knew him, *Horatio*
Fellow of infinite Jest; of most excellent fancy,
                    he hath

born me on his back a thousand times: And how abhorred
my imagination is now, my gorge rises at it. Here hung
those Lips that I have kiss'd I know not how oft. Where
be your Gibes now? Your Gambals? Your Songs? Your
flashes of Merriment that were wont to set the Table on a
Roar? No one now to mock your own Jeering? Quite
chop fall'n? Now get you to my Lady's Chamber, and te

Enter a Porter.

[Knocking within.

Port. Here's a Knocking indeed: If a Man were Porter
of Hell-Gate, he should have old turning the Key. *Knock.*
Knock, knock, knock. Who's there, i'th' name of *Bel-
zebub?* Here's a Farmer, that hang'd himself on th' ex-
pectation of Plenty: Come in time, have Napkins enough
about you, here you'll sweat for't. *Knock.* Knock, knock.
Who's there in th' other Devils Name? Faith, here's an
Equivocator, that could swear in both the Scales, a-
gainst either Scale, who committed Treason enough for
God's sake, yet could not equivocate to Heaven: Oh come
in, Equivocator. *Knock.* Knock, knock, knock. Who'

Romans, Country-men, and Lovers, hear me for my
Cause, and be silent, that you may hear. Believe me for
mine Honour, and have respect to mine Honour, that you
may believe. Censure me in your Wisdom, and awake
your Senses, that you may the better judge. If there be
any in this Assembly, any dear Friend of *Cæsar's*, to them
I say, That *Brutus* love to *Cæsar* was no less than his. If
then, that Friend demand, why *Brutus* rose against *Cæsar*,
this is my Answer: Not that I lov'd *Cæsar* less, but that
I lov'd *Rome* more. Had you rather *Cæsar* were living,
and dye all Slaves; than that *Cæsar* were dead, to live all
men? As *Cæsar* lov'd me, I weep for him; as he was
——, I rejoyce at it; as he was Valiant, I honour
——— as he was Ambitious, I flew him.

REDEWENDUNGEN
Ein Drama in 30 Sekunden

Shakespeares unvergessliche

Redewendungen sind weit verbreiteter als die, die in die englischen Sprache eingegangen sind. Einige von ihnen sind Vergleiche: Falstaff sagt, er sei so »melancholisch wie das Geschnarre eines Lincolner Dudelsacks« (Heinrich IV., Teil 1), und als Posthumus entdeckt, dass seine für tot gehaltene Frau lebt, sagt er: »Häng hier als Frucht, mein Leben / bis der Baum stirbt.« Andere Ausdrücke sind verkürzte Wahrheiten, die durch den Rhythmus der Verse verstärkt werden: »Der Feige stirbt schon vielmal, eh er stirbt; / die Tapfern kosten einmal nur den Tod« (Julius Cäsar), und Polonius rät Laertes: »Dies über alles: Sei dir selber treu, so [...] Du kannst nicht falsch sein gegen irgendwen.« Besonders Hamlet ist reich an schönen Wendungen: Guildenstern beschreibt einen Streit mit den Worten: »sie haben sich gewaltig die Köpfe zerbrochen«; Hamlet konstatiert: »Ich bin nur toll bei Nordnordwest; wenn der Wind südlich ist, kann ich einen Falken von einem Reiher unterscheiden«, und natürlich seine letzten Worte: »Der Rest ist Schweigen.« Oder seine Erwiderung an den Zyniker: »Es gibt mehr Ding' im Himmel und auf Erden, als Eure Schulweisheit sich träumt, Horatio.« Doch abgesehen von Zitaten liegt Shakespeares Talent in der reinen Schönheit der Sprache: »Das Licht wird trübe; und die Krähe / erhebt den Flug zum dunstigen Wald«, beobachtet Macbeth; und eine Stichwunde kennzeichnet den »Eingang verheernden Unheils«.

3-SEKUNDEN SPICKZETTEL
Poesie ist unvergessliche Sprache. Es ist eher Shakespeare, der Dichter, als Shakespeare, der Dramatiker, der seine Dramen mit kurzen und markanten Wendungen füllt.

3-MINUTEN EINWURF
Einprägsame Bildsprache ist eine der größten Begabungen Shakespeares; und sie zeigt sich oft in Form von Metaphern. Leben ist »nur ein wandelnd Schattenbild« oder »ein Märchen / Erzählt von einem Blödling, voller Klang und Wut / Das nichts bedeutet« (Macbeth); »Zweifel sind Verräter / Die oft ein Gut entziehn, das wir erreichten / Weil den Versuch wir scheuten« (Maß für Maß); »Wie es schärfer nagt als Schlangenzahn, ein undankbares Kind zu haben« (König Lear).

30-SEKUNDEN-QUERVERWEIS
BLANKVERS
Seite 78

REIME
Seite 80

DER ERFINDER DES ENGLISCHEN
Seite 140

30-SEKUNDEN-TEXT
Ros Barber

Shakespeare hatte eine einzigartige Begabung für anschauliche und einprägsame Redewendungen.

ROMEO AND JULIA

Als Geschichte einer jugend-

lichen Liebe, die unter einem schlechten Stern steht, ist *Romeo und Julia* einer der bekanntesten Dramen Shakespeares. Wenige von uns sind noch nie auf Adaptionen in Film, Fernsehen, Cartoons, Romanen, Musik oder auf der Bühne gestoßen. Das schöne Verona – sei es Shakespeares italienische Burg im 15. Jahrhundert, die moderne Metropole in Luhrmanns *Romeo + Julia* (1996) oder die postapokalyptische Zombieeinöde in Hollywoods neuem *Warm Bodies* – ist allgegenwärtig in der westlichen Welt des 21. Jahrhunderts.

Egal, in welcher Form: *Romeo und Julia* spricht unser scheinbar universelles Verlangen an, Liebe und jugendliche Leidenschaft über soziale Einengungen triumphieren zu sehen. Zu Beginn zeigt das Stück eine Stadt, die von der langjährige Fehde zwischen den Montagues und den Capulets beherrscht wird. Weder Religion noch Gesetz können ihren Streit schlichten. Stets unberechenbar und oft gewaltsam ist Shakespeares Verona ein Ort männlicher Rituale, in dem Frauen nur als Liebesobjekte, eheliche Schachfiguren oder Zielscheiben bestehen. Wie es die Sterne und die Jugend wollen, verlieben sich Romeo Montague und Julia Capulet bei einem Maskenball. Mitnilfe des Bruders Lorenzo und Julias Amme heiraten die beiden heimlich. Diese glückliche Vereinigung wird allerdings sogleich durch ein tödliches Gefecht gefährdet, bei dem Romeos wortgewandter Freund Mercutio von Julias hitzköpfigem Cousin Tybalt umgebracht wird. Als Romeo sich an Tybalt rächt, wird er verbannt. Schließlich misslingt der Versuch des Bruders Lorenzo, die Situation durch einen »Schlaftrunk« zu retten, und die beiden jungen Geliebten begehen Selbstmord. Das ist die Geschichte in groben Zügen. Darüber hinaus hat alles, wofür das Stück sonst bekannt geworden ist, nur eine vage Ähnlichkeit mit dem, was Shakespeare tatsächlich geschrieben hat. In der Allgemeinheit gilt Romeo mittlerweile als verträumter »swain« – sensibel, treu und poetisch –, obwohl uns Shakespeare einen stümperhaften, launischen Protagonisten präsentiert, der romantischen Klischees verfallen ist. Julia, obwohl nicht älter als 13 Jahre, ist vernünftiger und selbstkritischer. Nicht von einem Balkon, sondern von einem Fenster aus sehnt sie sich nach ihrem Romeo. David Garricks Ende aus dem 18. Jahrhundert ist immer noch beliebt und wurde in Luhrmanns Verfilmung genutzt. Dort siegt beinahe die wahre Liebe, denn Romeo nimmt das Gift wenige Sekunden bevor Julia aufwacht und stirbt in ihren Armen. In dieser Version haben wir die berührende Tragik einer schicksalhaften, zeitlichen Verfehlung statt Shakespeares düsterer Tragödie, in der die entzweiten Geliebten in der Grabstätte der Capulets alleine den Tod erleiden. Wenngleich das alles noch so zynisch sein mag, ist *Romeo und Julia* ein Stück voller dynamischer Dichtung und fesselnder Charaktere; es verdient seinen Platz als eine der beliebtesten Stücke Shakespeares.

Kirk Melnikoff

MUSIK
Ein Drama in 30 Sekunden

Von Zettels Gesang, der Titania

im *Sommernachtstraum* weckt, über Desdemonas »Lied von Weide« in *Othello* bis zu Orphelia, die im *Hamlet* singt und mit fallendem Haar die Laute spielt: Musik spielt eine wichtige Rolle in Shakespeares Stücken. Oft schreibt Shakespeare auch über den Sinn von Musik und verwendet musikalische Metaphern: Hamlet vergleicht sich z. B. mit der Blockflöte, die Guildenstern nicht spielen kann. Lieder wurden meist vom Clown oder Narren der Theaterkompanie vorgetragen; Will Kemp spielte das Tabor, und Robert Armin begleitete sich selbst für seine Lieder in *Was ihr wollt* auf der Cister. Andere Lieder wurden von Jungen vorgetragen, die im Spielen der Laute und im Gesang geschult waren; so etwa in *Julius Cäsar*, wo der süße Gesang des Pagen Lucius den Geist Cäsars heraufbeschwört.

Das elisabethanische Publikum verstand es besser als wir heute, die Instrumente zuzuordnen, die bei Aufführungen benutzt wurden. Hoboys (Schalmeien, frühe Oboen) waren laute Instrumente, die oft mit Heimtücke assoziiert wurden und häufig Verderben ankündigten; deshalb »die Musik der Hoboys unter der Bühne« in der Nacht vor der Schlacht bei Actium in *Antonius und Cleopatra*. Trompetensignale waren den Zuschauern bekannt, die in Kriegen gekämpft und gelernt hatten, was diese Signale auf dem Feld bedeuteten. Blockflöten standen für Tod und das Übernatürliche.

30-SEKUNDEN-QUERVERWEIS
ZEITGENÖSSISCHE EINFLÜSSE
Seite 26

REIME
Seite 80

CLOWNS & NARREN
Seite 110

3-SEKUNDEN-BIOGRAFIEN
THOMAS MORLEY
1557–1602
Schrieb Musik für *Wie es euch gefällt* und *Was ihr wollt*

ROBERT JOHNSON,
1583–1634
Schrieb Musik für *Der Sturm*

JOHN WILSON
1597–1674
Schrieb Musik für *Maß für Maß*

30-SEKUNDEN-TEXT
Claire van Kampen

Narren und Knaben lieferten eine lebhafte musikalische Begleitung der Dramen.

3-SEKUNDEN SPICKZETTEL

Musik ist ein wesentlicher Bestandteil bei Shakespeare und bestimmt stark die Atmosphäre einzelner Szenen, etwa durch Lieder, die bei Aufführungen als wichtige Versatzstücke fungieren.

3-MINUTEN EINWURF

Lieder ermöglichen Figuren, Gedanken und Gefühle auszudrücken, die sie nicht mit Worten allein artikulieren können. Lieder und Musik bestimmen auch den sozialen Stand eines Charakters: der derbe Feste (»Als ich ein Bub war«), den Shakespeare mit den Parterrebesuchern des *Globe Theatres* gleichsetzt, oder die unschuldige Desdemona (»Das Mägdlein saß singend«), eine Frau hoher Anmut. Verschiedene Begleitinstrumente werden genutzt, um den Status eines Charakters vor dem Publikum zu unterstreichen, zu veranschaulichen und zu definieren.

KOMÖDIEN

Ein Drama in 30 Sekunden

Anders als seine Zeitgenossen

Ben Jonson, Thomas Dekker und Thomas Middleton schrieb Shakespeare keine satirischen Komödien über das Londoner Leben. Stattdessen drehen sich die meisten seiner Komödien um Probleme, die zwischen Paaren und ihren Hochzeiten standen, doch auch hierbei liefert Shakespeare vielschichtige Variationen. In *Der widerspenstigen Zähmung* und *Viel Lärm um nichts* können in den Neckereien zwischen Katharina und Petruchio oder Beatrice und Benedikt raffinierte Witze und Innuendos gefunden werden. Petruchios unangebrachtes Hochzeitskostüm und das Auftreten Zettels als Hintern im *Sommernachtstraum* bieten optische Komik. Die Verwechslungen der Zwillinge in der *Komödie der Irrungen* und die Heldinnen in *Was ihr wollt* und *Wie es euch gefällt*, die sich als Männer verkleiden und darüber scherzen, sorgen beim allwissenden Publikum für Gelächter. Komische Charaktere aus der Unterschicht wie Holzapfel in *Viel Lärm um nichts* oder die »biederen Handwerker« im *Sommernachtstraum* begeistern mit ihrem Gerede und ihrer liebenswerten Unbeholfenheit. Dennoch beschränkt Shakespeare sein humoristisches Gespür nicht auf Komödien. Die Lügengeschichten Falstaffs sorgen in den *Heinrich IV.*-Stücken für Gelächter und in seinen Tragödien finden sich komische Szenen: der sarkastische Torwächter in *Hamlet* und der Totengräber in *Macbeth* gewähren beide eine unkonventionelle Sichtweise der Handlung.

3-SEKUNDEN SPICKZETTEL
Als Meister des Scharfsinns und König der Verwechslungen bietet Shakespeare mit seinem weitreichenden Blick und dem wechselnden Ton seiner Komödien etwas für jeden Zuschauer.

3-MINUTEN EINWURF
Bei allem Talent für das Komische ist sich Shakespeare durchaus bewusst, dass Komödien schrecklich sein können. Die Gefangennahme des Malvolios in *Was ihr wollt* wird in modernen Produktionen oft eher als Horrorszenario inszeniert statt als komischer Moment. Die Enteignung des jüdischen Shylocks am Ende von *Der Kaufmann von Venedig* und Katharinas »Bändigung« in *Der widerspenstigen Zähmung* machen auf ein heutiges Publikum wohl auch einen anderen Eindruck als zu Zeiten Shakespeares.

30-SEKUNDEN-QUERVERWEIS
VERWECHSLUNG
Seite 48

CLOWNS & NARREN
Seite 110

DIE BÜRGERLICHEN
Seite 112

EIN SOMMERNACHTSTRAUM
Seite 126

3-SEKUNDEN-BIOGRAFIEN
BEN JONSON
1572–1637
Dramatiker

THOMAS DEKKER
ca. 1572–1631
Dramatiker

THOMAS MIDDLETON
1580–1627
Dramatiker

30-SEKUNDEN-TEXT
Jessica Dyson

Shakespeare schuf eine Vielfalt komischer Figuren, etwa Falstaff, Zettel und die »biederen Handwerker«.

SOLILOQUIEN

Ein Drama in 30 Sekunden

3-SEKUNDEN SPICKZETTEL
Shakespeares Soliloquien
sind, verglichen mit denen
seiner Zeitgenossen, un-
verkennbar und raffiniert.
Sie gewähren einen Blick in
die Köpfe – und Seelen –
seiner tragischen Figuren.

3-MINUTEN EINWURF
Nirgendwo nutzt Shake-
speare Soliloquien wirk-
samer als in *Hamlet*, wo
sich uns die persönlichen
Qualen des dänischen Prin-
zen und seine innere Ver-
worrenheit in sieben Soliloquien offenbaren. Ohne sie
wäre Hamlet nicht zu dem
Charakter geworden, der
er ist, und das Stück hätte
uns ohne die Soliloquien
sein sonst unerklärliches
Verhalten nicht verstehen
lassen; sie bringen uns
Hamlet näher, während er
allen anderen Charakteren
unverständlich erscheint.

Soliloquien sind ein **Stilmittel** des
Dramas, bei dem nur das Publikum das Selbstgespräch einer Figur zu hören bekommt. Vor Shakespeare waren sie ein einfaches Mittel zur Exposition
der Handlung. Sie stellten Charaktere vor oder ent-
hüllten Pläne. Shakespeare entwickelte einen neuen
Typ der Soliloquy und nutzte ihn, um die Psyche
eines Charakters auf bewegende Art und Weise zu
ergründen. Ein Vorbote dieser Entwicklung war die
Soliloquy des zwiegespaltenen Doktor Faustus am
Ende von Marlowes Stück. Shakespeares Soliloquien
ermöglichen dem Publikum eine viel »tiefere« Er-
fahrung, als sie das Drama sonst bietet. Es sind die
tiefen Emotionen, die Shakespeares Soliloquien so
einprägsam und berühmt machen. Ihre Fähigkeit,
das Publikum mit einem tiefen Wissen um die all-
tägliche Mangelhaftigkeit des Menschen zu fesseln,
erklärt zum Teil die anhaltende Beliebtheit seiner
Tragödien. Shakespeares erster Ausflug in dieses
fesselnde Drama eines Geistes gilt Brutus in *Julius
Cäsar*; der ehrenwerte Mann kämpft mit seinem
Gewissen. Soliloquien lassen nicht nur die Dilemmata
des tragischen Helden erkennen, sondern auch seine
Eigenwahrnehmung und Selbsttäuschung; man denke
an Macbeth, Othello und Antonius. Shakespeare
schreibt Soliloquien in einem kräftigen und flexiblen
Blankvers, der reich an Bildern ist und nutzt ihn, um
uns – so wie vielleicht noch nie zuvor – die Vorgänge
im menschlichen Geist aufzuzeigen.

30-SEKUNDEN-QUERVERWEIS
ZEITGENÖSSISCHE EINFLÜSSE
Seite 26

BLANKVERS
Seite 78

TRAGISCHE HELDEN
Seite 98

3-SEKUNDEN-BIOGRAFIEN
SAXO GRAMMATICUS
ca. 1150–ca. 1220
Ein dänischer Historiker, dessen
Geschichte *Amleth* in seinem
Gesta Danorum eine Quelle für
Hamlet war

THOMAS KYD
1558–1594
Möglicher Autor einer früheren
Version *Hamlets*, die nicht über-
liefert ist

30-SEKUNDEN-TEXT
Ros Barber

*Die Soliloquien geben
dem Publikum Einblicke
in das Innenleben einer
Figur.*

HELDEN & SCHURKEN ◐

Azincourt Die Schlacht von Azincourt (25. Oktober 1415) war einer der größten Siege Englands im hundertjährigen Krieg. Der englische König, Heinrich V., führte seine Truppen in die Schlacht und beteiligte sich am Nahkampf. Die Schlacht fand am Tag des Heiligen Crispians statt.

Ritterlichkeit Der mittelalterliche Verhaltenskodex des Rittertums.

Clown Ein Komiker, der in erster Linie durch überspitzte Eskapaden und teils auch alberne Kleidung unterhält. Der elisabethanische Clown präsentiert sich üblicherweise als Bauerntrottel.

Bürgerlicher Einer der einfachen Leute; eine Person ohne Rang und Titel.

Tor Ein Komiker, der in erster Linie mit Verstand und Worten unterhält, aber auch auf visuelle Komik zurückgreifen kann. Tore lebten manchmal in königlichen oder adeligen Haushalten, wie das die Tradition des Hofnarren vorsah.

Große Kette aller Wesen Die große Kette aller Wesen war eine weit verbreitete Philosophie, die den Platz einer Person in der Weltordnung festlegte. Alles liegt über und unter etwas anderem in der metaphorischen Kette, die sich von der Hölle bis zum Himmel erstreckt.

Historiendrama Ein Stück, das auf historischen Ereignissen basiert.

Hofnarr Ein professioneller Witzbold oder Tor an einem mittelalterlichen Hof, der traditionell eine mit Schellen behangene Kappe trug und ein falsches Zepter hielt.

Halunke Ein unehrlicher und skrupelloser Mann.

Ritter Ein Mann, der seinem Monarchen oder Lord als berittener Soldat in Rüstung diente; ein Kavalier, der mit der Anrede »Sir« angesprochen wurde.

Lady Macbeth Macbeths Ehefrau, die ihn dazu überredet, den König zu töten und zu ersetzen. Als sie nicht mit der Schuld leben kann, wird sie wahnsinnig.

Macbeth Ein schottischer Edelmann; die Hauptfigur der gleichnamigen Tragödie; er beginnt eine Mordserie, nachdem ihm drei Hexen erzählen, dass er der König Schottlands sein wird.

Minnesänger Ein mittelalterlicher Sänger oder Musiker, der vorzugsweise in Anwesenheit des Adels Poesie rezitieren oder singen konnte, während er instrumental begleitet wurde.

Königsmord Die Ermordung eines Monarchen.

Biedere Handwerker Die sechs Charaktere in *Ein Sommernachtstraum*, die »das Stück im Stück« *Pyramus und Thisbe* aufführen. Ihre Name leitet sich von der Tatsache ab, dass sie alle Handarbeiter sind.

Sonett Ein Gedicht (meistens über Liebe) mit vierzehn rhythmisch gegliederten Zeilen, das einem festen Reimschema folgt und eine Volta, einen Wendepunkt, beinhaltet. Dieser Wendepunkt ermöglicht es dem Sonett zum Beispiel, eine Frage zu stellen und gleichzeitig zu beantworten.

Tetralogie Ein Werk in vier Teilen (wobei eine Trilogie aus drei Teilen besteht).

Oberschicht Die herrschende Klasse. Das Königshaus und der Adel.

TRAGISCHE HELDEN

Ein Drama in 30 Sekunden

Shakespeares tragische Helden

sind fehlerhafte Menschen, auch wenn die Zuschauer hohe Erwartungen an sie haben. Genau deshalb werden sie tragische Gestalten, die bis heute großes Interesse beim Publikum hervorrufen. König Lear, ein mächtiger Herrscher, erliegt seinem Stolz und enteignet seine Lieblingstochter Cordelia. Als ihn seine anderen Töchter verstoßen, erkennt er seinen Fehler und wird wahnsinnig. Macbeth, ein nobler Held, befolgt ohne zu zögern die Prophezeiungen der Hexen und tötet den König, um seinen Ehrgeiz – und den seiner Frau – zu befriedigen. Zur Sicherung seiner Macht befiehlt er anschließend weitere Ermordungen. Der angesehene Feldherr Othello vertraut zu sehr dem unehrlichen Jago und glaubt, so die Kritik, vorschnell an die Untreue seiner Ehefrau. So verliert er alles und tötet Desdemona und sich selbst. Hamlet handelt als einziger Held Shakespeares zögerlich, weil er sich nicht für oder gegen die Vergeltung entscheiden kann und von der Trauer um seinen toten Vater wie gelähmt ist. Im Gegensatz zu anderen, die die Zuschauer vielleicht strenger beurteilen, wünscht sich Hamlet, ein besserer, heldenhafterer Mensch zu sein. Er nennt sich einen »Schurk und niedrer Sklav«, da er immer noch nicht den Tod seines Vaters gerächt hat. Obwohl sie eine hohe gesellschaftliche Stellung innehaben, bleiben uns Shakespeares tragische Helden vor allem wegen ihrer menschlichen Gefühle und ihres Scheiterns in Erinnerung.

3-SEKUNDEN SPICKZETTEL
Shakespeares tragische Helden sind oftmals wenig heldenhaft. Sie tragen menschliche Wesenszüge, die sie – und andere – in Ruin und Tod führen.

3-MINUTEN EINWURF
Romeo und Antonius sind tragische Helden. Der ungestüme Romeo ist eher Opfer der Umstände als seines eigenen Tuns. Trotz seines tragischen Todes ist er zum Sinnbild junger Liebe geworden. Der erwachsene Antonius zieht seine Leidenschaft für Kleopatra gegenüber seinen politischen Pflichten vor. Er glaubt ihre Lügengeschichte über ihren eigenen Tod und begeht daraufhin einen unheldenhaften Selbstmord, der zudem beinahe scheitert. Er ist vielleicht der tragische Held Shakespeare, der am meisten – und am wenigsten – Bewunderung verdient.

30-SEKUNDEN-QUERVERWEIS
HAMLET
Seite 22

OTHELLO
Seite 44

KÖNIG LEAR
Seite 64

MACBETH
Seite 104

3-SEKUNDEN-BIOGRAFIEN
MARCUS ANTONIUS
80 v. Chr. – 30 v. Chr.
Römischer Politiker und General

MACBETH
ca. 1005–1057
König Schottlands

30-SEKUNDEN-TEXT
Jessica Dyson

Othello, Macbeth und König Lear sind tragische Helden, weil sie nicht unsere heroischen Erwartungen erfüllen können.

LIEBESPAARE

Ein Drama in 30 Sekunden

30-SEKUNDEN-QUERVERWEIS
DIE SONETTE
Seite 28

KOMÖDIEN
Seite 90

TRAGISCHE HELDEN
Seite 98

STARKE FRAUEN
Seite 108

3-SEKUNDEN SPICKZETTEL
Bei Shakespeare verzaubert die Liebe: ein zänkisches Weib in eine gehorsame Gattin; Bewunderung in Eifersucht; Frau in Mann und wieder zurück; Hass in Liebe; eine Statue in eine nachsichtige Ehefrau.

3-MINUTEN EINWURF
Shakespeares Liebespaare teilen sich Verstand und Eloquenz: Beatrice und Benedikt necken sich ebenso wie Katharina und Petruchio; Romeo und Julia formen eine neue Sprache der Liebe. Sie hinterfragen literarische Konventionen, die von Dichtern wie Philip Sidney befolgt wurden und vorschrieben, dass unnahbare Frauen von betörten Männern verehrt werden. Cross-Dressing (sieben Frauen verkleiden sich als Männer, um mit ihren Geliebten zusammen zu kommen) bedeutet, dass weibliche und männliche Stereotypen ständig hinterfragt werden.

21 von Shakespeares Stücken haben Handlungen, die sich mit Liebespaaren und deren Schicksalen befassen, seien es Tragödien wie *Romeo und Julia* und *Othello*, die im Tod, oder Komödien, die mit Hochzeiten enden, so in *Wie es euch gefällt* und *Der Sturm*. Liebhaber widersetzen sich Eltern, Krieg und gesellschaftlichem Diktat. 154 Sonette erzählen von einer Dreiecksbeziehung zwischen einem Poeten, einem schönen Jüngling und einer dunkelhaarigen Frau. Ein langes Gedicht, *Venus und Adonis*, zeigt, was passiert, wenn die Göttin der Liebe sich in einen gleichgültigen, jungen Mann verliebt. Shakespeares trügerischstes Gedicht – »Der Phoenix und die Turteltaube« – handelt von der rauschhaften Vereinigung zweier Liebender. Liebe ist überall, doch sie macht blind, sodass Liebende nur das sehen, was sie sehen wollen. In *Ein Sommernachtstraum* liebt Helena Demetrius, obwohl er sie verachtet und droht, sie zu vergewaltigen. In *Ende gut, alles gut* verehrt eine andere Helena den Nichtsnutz Bertram und verleitet ihn zu einer ungewollten Heirat. Kleopatra träumt von einem idealisierten Antonius und sie ist bereit, für diese Vision ein Königreich und ihr Leben aufzugeben. Leidenschaftliche, aber törichte Liebhaber wie Bassanio in Der *Kaufmann von Venedig* und Proteus in *Zwei Herren aus Verona* sind nicht im Stande, Portia und Julia zu erkennen, als diese sich als Männer verkleiden.

3-SEKUNDEN-BIOGRAFIEN
SIR PHILIP SIDNEY
1554–1586
Höfling und Dichter. Er schrieb den einflussreichen Sonettzyklus *Astrophil and Stella*.

LADY MARY WROTH
1587–1652
Philip Sidneys Nichte. Sie veröffentlichte als erste Frau eine Reihe von Sonetten, *Pamphilia to Amphilanthus*. Sie schrieb auch eine romantische Komödie *Love's Victory*.

30-SEKUNDEN-TEXT
Lynn Robson

Shakespeares Darstellung einer großen Liebe in Romeo und Julia findet noch immer Anklang.

KÄMPFER

Ein Drama in 30 Sekunden

Schlachten, Prügeleien, Duelle, Rebellionen und sogar ein Ringkampf: angefangen bei der frühen, mitreißenden *Heinrich VI.*-Tetralogie bis hin zu den ritterlichen Waffenbrüdern in *Den beiden edlen Vettern* schlagen sich Kämpfer in Shakespeares Komödien, Tragödien und sonstige Geschichten. Zu ihnen zählen der charismatische *Heinrich V.*, der seine Truppen zum Sieg bei Azincourt führt, die Königsmörder Richard III. und Macbeth, der edle General Othello und der verwegene und todgeweihte »Heißsporn« Percy. Die Dinge gehen schief, wenn die Kämpfer auch im Alltag auf die Erfahrungen des Schlachtfelds vertrauen. Als sie sich in Friedenszeiten wiederfinden, verlegen sich die Soldaten Benedikt und Claudio in *Viel Lärm um nichts* auf den »scherzhaften Krieg« des Liebeswerbens; Richard III. richtet sein Augenmerk auf Mord und Totschlag. Othello ist ein großer Krieger aber ein unsicherer Ehemann. Statt Politiker zu werden, bevorzugt Coriolanus die Verbannung, um den von ihm auserkorenen Kontrahenten Aufidius zu finden. Der berühmte Antonius ist hin- und hergerissen zwischen Roms militärischem Ruhm, seinen tödlichen Intrigen und seiner leidenschaftlichen Liebe zu Kleopatra. Es gibt auch einfache Soldaten wie etwa Fluellen, Bates und Williams, zwar resigniert, aber doch gewillt, eher aus Loyalität zu kämpfen als für ein Ziel, das nicht das Ihre ist – ganz zu schweigen von irgendeiner Ehre.

3-SEKUNDEN SPICKZETTEL
Unter dem Banner der Ehre ringen Kämpfer um Thron, Macht, persönlichen Ruhm, Land, Liebe, Familie und darum, am Leben zu bleiben. Der Preis wird immer gezahlt.

3-MINUTEN EINWURF
Shakespeare schuf einige denkwürdige Kriegerinnen – Jeanne d'Arc, Margaret von Anjou, Hippolypta, Cordelia – und Frauen wie Kleopatra, Volumnia und Beatrice, die wünschen, sie könnten Soldaten sein. Margaret von Anjou ist Shakespeares einzige weibliche Figur, der jemanden auf der Bühne tötet. Von Herrschern wurde erwartet, ihr Volk zu beschützen, und Elisabeth I. wurde zur Kriegerin, als England 1588 von der spanischen Armada bedroht wurde.

30-SEKUNDEN-QUERVERWEIS
POLITISCHE VERÄNDERUNG
Seite 38

THRONRAUB
Seite 40

GESCHICHTE
Seite 68

TRAGISCHE HELDEN
Seite 98

3-SEKUNDEN-BIOGRAPHIE
KÖNIGIN ELIZABETH I
1533–1603
Königin Englands, herrschte 1558–1603

30-SEKUNDEN-TEXT
Lynn Robson

Kämpfer erscheinen in allen Dramen, oft auch als fehlbare Helden.

MACBETH

In *Julius Cäsar* schrieb Shakespeare eine Szene, in der ein angehender Attentäter (Brutus) seine Frau in der Nacht vor der Ermordung um Rat bittet. Einige Jahre später kehrte Shakespeare zu diesem markanten Motiv zurück, änderte die Machtdynamik, verschärfte die dramatische Spannung und umgab es mit der unheimlichen Wildnis des mittelalterlichen Schottlands. Ein Kriegsheld und seine Frau begehen Königsmord, um den Thron an sich zu reißen und verüben anschließend immer mehr Verbrechen, während sie versuchen, an ihrer Macht festzuhalten. Sie zerstören nicht nur ihre eigene Beziehung, sondern widersetzen sich auch den übernatürlichen Kräften, die ihnen zuvor ihren Erfolg versprachen. In *Macbeth* erschuf Shakespeare eines der unvergesslichsten Paare der Weltliteratur, eine seltene Balance ehelicher Kräfte, angetrieben durch eine Leidenschaft, die mindestens ebenso sehr dem Partner gilt wie eigenen Ambitionen.

Einige Kritiker verübeln es Lady Macbeth, sich nicht so zu verhalten, wie es für eine Frau angemessen ist. Zweifellos spart sie bei der Verfolgung ihrer gemeinsamen Ziele an traditioneller Weiblichkeit, doch mag verständlich sein angesichts der Tatsache, dass diese Tragödie Frauen (wie z. B. Lady Macduff) sonst als ohnmächtige Opfer männlicher Gewalt zeigt. Klar ist, dass die Ermordung Duncans nur der Anfang vom Ende Macbeths ist. Er bewerkstelligt alles alleine, nachdem er seine Gattin vom Pläneschmieden ausgeschlossen hat. In der Tat ist die Entfremdung von seiner Ehefrau ein Teil seiner Tragödie, sodass seine berühmte Reaktion auf ihren Tod (»Morgen, und morgen, und dann wieder morgen...«) nicht auf persönlichen Schmerz oder ein Gefühl des Verlusts hinweist, wie wir es vielleicht erwarten würden, sondern nur eine abstrakte und nihilistische Grübelei über die Sinnlosigkeit des Lebens darstellt.

Es ist wichtig, sich daran zu erinnern, dass Tod und Gewalt in der Welt Macbeths zur Tagesordnung gehören und nicht erst von der Titelfigur eingeführt werden. Es beginnt und endet mit einem Bürgerkrieg, bei dem einmal mehr ein Rebell geköpft wird. Es beginnt mit einem politisch unfähigen König auf dem Thron und endet nicht mit Fleance – wie es die Hexen scheinbar versprochen haben –, sondern mit Malcolm, der ein fast unbeschriebenes Blatt ist und dessen längste Szene (seine »Prüfung« McDuffs) bezüglich seines Charakters mehr Fragen aufwirft als beantwortet. Es gibt zwar eine Art Abschluss der Handlung, doch die zentralen Probleme von Gesellschaft und Monarchie bleiben weitgehend ungelöst, sodass es durchaus als möglich erscheint, dass der Teufelskreis der Gewalt von vorne beginnt.

Andrew James Hartley

VERSCHWÖRER
Ein Drama in 30 Sekunden

Verschwörer gibt es bei Shakespeare reichlich. Es gibt große Verschwörungen wie Prosperos Plan, den Thronräuber zu bestrafen (*Der Sturm*) oder Jagos Komplott, um Othello ins Unglück zu stürzen. Und es gibt kleinere Intrigen wie die Verschwörung zur Demütigung Malvolios (*Was ihr wollt*) oder den Plan des unehelichen Edmunds, den »rechtmäßigen« Edgar in Ungnade fallen zu lassen (*König Lear*). All diese Intrigen ziehen den Zuschauer in ihren Bann. Wir sympathisieren mit Verschwörern wie Hamlet und Titus Andronicus, die erlittenes Leid rächen wollen. Andere handeln verwerflich, doch mit bewundernswertem Einfallsreichtum wie Jago in *Cymbelines* Iachimo und Don Juan in *Viel Lärm um nichts*, deren Pläne fragwürdige Beweggründe und ernste Folgen für die fälschlich Beschuldigten haben. Oberons frauenfeindlicher Komplott (*Ein Sommernachtstraum*) misslingt und man ersetzt ihn als Ehemann durch einen Esel. Auch politische Verschwörungen gibt es immer wieder: die Macbeths ermorden Duncan und intrigieren gegen andere, um dessen Thron für sich zu behalten; Cassius plant in *Julius Cäsar* nicht nur, Cäsar zu töten, sondern er verwickelt auch den ehrenhaften Brutus in seine Verschwörung. Auch die Historiendramen sind voller Verschwörungen und deren Vereitelungen, die alle darauf abzielen, entweder den Thron zu besteigen oder zu sichern. Einige haben nachhaltig unser Geschichtsverständnis geprägt.

3-SEKUNDEN SPICKZETTEL
Was auch immer ihre Motive sind – Rache, Macht oder Destabilisierung – indem Shakespeares Verschwörer das Publikum in ihre Pläne einweihen, steigern sie die Spannung und damit die Wirkung der Dramen.

3-MINUTEN EINWURF
Auch wenn Intriganten wie Jago unentschuldbar sind, fallen andere durch ihren moralischen Zwiespalt auf. Das Vorhaben, Malvolio zu blamieren, beginnt als komische Handlung, nimmt aber mit seiner Gefangennahme einen düsteren Ton an. Im *Sturm* will Caliban eine Insel zurück gewinnen. Sein niederträchtiger Plan, Prospero zu töten, spiegelt die Absichten Prosperos, was den Zuschauer dazu auffordert, seine Vorstellungen von Recht und Gerechtigkeit zu hinterfragen.

30-SEKUNDEN-QUERVERWEIS
THRONRAUB
Seite 40

VERLEUMDUNG
Seite 42

OTHELLO
Seite 44

DER STURM
Seite 146

3-SEKUNDEN-BIOGRAFIEN
KÖNIG RICHARD III
1452–1485
Englischer König, der zwei Jahre lang herrschte

HENRY VII
1457–1509
Besiegte und folgte Richard III. auf den Thron

30-SEKUNDEN-TEXT
Jessica Dyson

Shakespeare baut Spannung auf, indem er das Publikum in die Intrigen der Verschwörer einbezieht.

STARKE FRAUEN

Ein Drama in 30 Sekunden

3-SEKUNDEN SPICKZETTEL
Shakespeare ist mit seiner Darstellung von Frauen, die entschieden den Status quo der frühen modernen Gesellschaft hinterfragen, untypisch für seine Zeit.

3-MINUTEN EINWURF
Selbst moralisch verdorbene Frauen wie Goneril, Regan und Lady Macbeth haben ihr ganz eigenes Selbstbewußtsein. Shakespeare zeigt fünf Frauen, die von eifersüchtigen Ehemännern zu Unrecht der Untreue beschuldigt werden, genauso wie vier Frauen, die mit Würde durchhalten, nachdem sie von unaufrichtigen Liebhabern verschmäht wurden. Die Stärke und stille Kraft so vieler Frauen machte Shakespeare in den Anfängen des Feminismus zu einem Helden viktorianischer Frauen.

Bemerkenswerte Frauen bevölkern Shakespeares Stücke. Jede Frau kann lesen und schreiben, sogar die Schäferinnen Phöbe (*Wie es euch gefällt*) und Mopsa (*Wintermärchen*). Zwölf Frauen trotzen ihren Vätern und heiraten Männer ihrer Wahl. Acht Frauen verkleiden sich als Männer, um an ihr Ziel zu kommen, darunter Imogen in *Cymbeline*, die in die Berge flieht, bevor sie der römischen Armee beitritt, und Rosalinde in *Wie es euch gefällt*, die in den Wald geht und ein Gut kauft; und Portia, die im *Kaufmann von Venedig* eine Gerichtsverhandlung gewinnt. Frau Hurtig, führt (und besitzt vielleicht) in vier Stücken ein Wirtshaus. Mindestens 16 Frauen verschwören sich und bringen die unehrlichen oder törichten Taten von Männern zum Vorschein. Die bretonische Konstanze und Eleonore von Aquitanien, 77-jährig, führen in *König Johann* Armeen an. Tamora, Königin der Goten in *Titus Andronicus*, Königin Margarete von Anjou in vier Historiendramen, Kleopatra und Jeanne d'Arc befehligen alle Armeen, ebenso wie Fulvia, die in *Antonius und Cleopatra* nie auftritt, aber 18 Mal erwähnt wird. Paulina widersetzt sich einem König im *Wintermärchen* und bestimmt ihr eigenes Schicksal. Die längste Szene in *Richard III.* zeigt drei Frauen auf der Bühne – Elisabeth, Margarete und die Herzogin von York. Auch wenn die Frauen in Shakespeares Stücken nicht so oft das Wort führen, haben sie große Macht und Präsenz.

30-SEKUNDEN-QUERVERWEIS
VERLEUMDUNG
Seite 42

MAGIER & HEXEN
Seite 120

3-SEKUNDEN-BIOGRAFIEN
BESS OF HARDWICK
1527–1608
Gräfin von Shrewsbury; sie war ein Landmagnat und Begründer einer Dynastie

LADY JANE LUMLEY
1537–1578
Sie übersetzte mit 16 Euripides aus dem Griechischen und Lateinischen

MARY SIDNEY HERBERT
1561–1621
Gräfin von Pembroke; sie begründete einen wichtigen Literaturzirkel

30-SEKUNDEN-TEXT
Robin Williams

Shakespeares weibliche Charaktere, ob tugendhaft oder böse, sind komplexe und einflussreiche Figuren.

CLOWNS & NARREN

Ein Drama in 30 Sekunden

3-SEKUNDEN SPICKZETTEL
Shakespeare wurde stark von der Komödiantenkultur mit ihren bäuerlichen Possen und geistreichem Unsinn beeinflusst. So gestaltete er seine eigene, unverkennbare Dramaturgie rund um fröhliche Clowns und schurkische Deppen.

3-MINUTEN EINWURF
Die Beliebtheit des Clowns hatte mit Shakespeares Arbeiten außerhalb des Theaters zu tun. Tarlton wurde für sein geistreiches, improvisiertes Gescherze geliebt und Kempe für seine Tanzeinlagen am Ende eines Auftritts. Ein Großteil ihres damaligen Reizes hatten die Clowns ihren Vorfahren zu verdanken, den Hofnarren und Minnesängern. Shakespeares anglikanisches Publikum erkannte im Narren wohl auch die Umkehrung des Paulus-Wortes: »Denn dieser Welt Weisheit ist Torheit bei Gott.«

Im Laufe seiner Schriftstellerkarriere wurde Shakespeare vom ansteckenden Witz professioneller Komiker inspiriert. Als er in London ankam, regierte in den Theatern die Lebensfreude des elisabethanischen Clowns. Diese schauspielerische Figur, die von Englands erstem prominenten Darsteller Richard Tarlton geprägt wurde, zeigte meist ein unbeholfenes Landei; seine körperbetonte Komik, seine Improvisationen und komischen Fehltritte begeisterten die Zuschauer ungeachtet ihres Alters oder ihrer Herkunft. Zu Zeiten Shakespeares hatte William Kempe Tarltons Position übernommen und regte ihn an, Charaktere wie etwa den Diener der Amme, Peter, in *Romeo und Julia*, Zettel im *Sommernachtstraum* und Holzapfel in *Viel Lärm um nichts* zu entwerfen. Auf dem Höhepunkt seiner Popularität verschwand Kempe aus unbekannten Gründen, nur wenige Monate, nachdem Hamlet die Schauspieler angewiesen hatte: »Die bei euch die Narren spielen, lasst sie nicht mehr sagen, als in ihrer Rolle steht.« Kempe wurde sofort durch Robert Amin ersetzt, einem Schriftsteller, Musiker und Darsteller. Als Dummkopf, Spaßvogel und Prophet entwarf Shakespeare die Rolle des Bühnennarren für Armin; im Fall von Probstein (*Wie es euch gefällt*), Feste (*Was ihr wollt*) und dem Hofnarren (*König Lear*) mischte Shakespeare seine Vorliebe für Musik, Scharfsinn und Wahrheit unter.

30-SEKUNDEN-QUERVERWEIS
ZEITGENÖSSISCHE EINFLÜSSE
Seite 26

KÖNIG LEAR
Seite 64

KOMÖDIEN
Seite 90

EIN SOMMERNACHTSTRAUM
Seite 126

3-SEKUNDEN-BIOGRAFIEN
RICHARD TARLTON
† 1588
Schriftsteller und Darsteller

ROBERT ARMIN
1563–ca. 1615
Schriftsteller, Musiker und Darsteller

WILLIAM KEMPE
† ca. 1610
Darsteller

30-SEKUNDEN-TEXT
Kirk Melnikoff

Shakespeares Clowns sind Nachfahren der traditionellen Hofnarren und Minnesängern.

DIE BÜRGERLICHEN

Ein Drama in 30 Sekunden

3-SEKUNDEN SPICKZETTEL
Shakespeares mitfühlende und lustige Schilderungen der »Bürgerlichen« dient vor allem dazu, soziale Gemeinsamkeiten zu verdeutlichen.

3-MINUTEN EINWURF
Die »Große Kette der Wesen« war eine weit verbreitete Idee, die den Platz einer Person in der Welt festlegte. Danach ist alles über und unter etwas anderem in der metaphorischen Kette angeordnet, die sich von der Hölle bis zum Himmel erstreckt. In der Großen Kette befindet sich ein Granat unter einem Diamanten und ein Kaninchen unter einem Löwen. Das Gleiche gilt für die Menschen: ein Schneider ist unter einem Ritters, welcher unter einem Earls ist, der wiederum unter einem König steht.

Der Großteil der Figuren in den Stücken gehört zur Oberschicht. Wenn Shakespeare Bürgerliche einführt, dann dienen sie als subtile und provokante Spiegelbilder der vermeintlich gesellschaftlich Höherstehenden. Shakespeare beschränkt die Charaktere aus der Unterschicht selten darauf, die Handlung mit Komik aufzulockern. Stattdessen werfen sie üblicherweise mit oft sarkastischem Witz ein Licht auf Uneinigkeit und Chaos. Die kleinlichen Differenzen des Adels werden in den Streitereien der einfachen Bürger deutlicher widergespiegelt; falsches Spiel und blinder Ehrgeiz in der Oberschicht zeigen sich auch im Tun der Unterschicht. *Coriolanus* und *Julius Cäsar* beginnen mit Bürgerlichen, die Unruhe stiften und so das Verhalten der Oberschicht antizipieren. Die »biederen Handwerker« im *Sommernachtstraum* »behandeln« das Thema Liebe nicht nur anhand Titanias Zuneigung zu Zettel, sondern auch mit der Darstellung einer tödlichen Beziehung. Der Auftritt streitsüchtiger Mitglieder der Königsfamilie im 2. Teil von *Heinrich VI.* entlarvt den Bürger Simpcox und seine Frau als Betrüger und verweist so diskret auf das Königshaus. Entsprechend sehnt sich der entthronte Richard II. nach einem Leben als Pilger und der geflohene Heinrich VI. danach, als Schäfer zu leben. Für Shakespeares Behandlung von Macht und Ansehen spielen die einfachen Bürger als soziale Ergänzung eine essenzielle Rolle.

30-SEKUNDEN-QUERVERWEIS
PROSA
Seite 82

KOMÖDIEN
Seite 90

CLOWNS & NARREN
Seite 110

3-SEKUNDEN-BIOGRAFIEN
ARISTOTELES
384–322 BCE
Griechischer Philosoph, dessen Theorie der *Scala naturae* die Grundlage für die große Kette des Wesens war

30-SEKUNDEN-TEXT
Robin Williams

Shakespeare benutzte Charaktere aus der Unterschicht, um die Lebensweise der Elite zu reflektieren.

MAGIE & MONSTER ◐

Alchemie Eine frühe Form der Chemie mit dem Ziel, Substanzen umzuwandeln. Ein besonderer Wert lag auf der Konvertierung unedler Metalle in Gold oder der Herstellung von Heilmitteln.

Allusion Eine indirekter Verweis mit dem Ziel, etwas in Erinnerung zu bringen, ohne es ausdrücklich zu erwähnen.

Apotheker Eine Person, die Arzneitränke, Tinkturen und Kräuterheilmittel verkauft.

Attisch Der griechische Dialekt der Region Attika, die gesprochene und geschriebene Sprache der Athener, in der ein Großteil der antiken griechischen Literatur geschrieben wurde.

Demetrius Einer der athenischen Liebhaber in *Ein Sommernachtstraum*.

Elixier Ein magischer oder medizinischer Trank.

Fee Ein schadenfrohes, mystisches Wesen in Miniaturform eines Menschen, das ursprünglich der keltischen und englischen Folklore entstammt.

Hermia Eine der athenischen Liebhaberinnen in *Ein Sommernachtstraum*. Sie liebt Lysander, wird aber von Demetrius verehrt.

Hippolyta Die Königin der Amazonen, die in *Ein Sommernachtstraum* den Herzog Theseus heiratet. Eine starke Frau, die sich nicht ihrem Gatten fügt.

Kobold Ein mystisches Wesen der englischen Sagenwelt, das klein, freundlich und doch lästig ist. Es kann einfache Aufgaben im Haushalt erledigen, falls man ihm kleine Geschenke überlässt, kann aber auch schnell etwas Böses anstellen. Puck wird in *Ein Sommernachtstraum* als Kobold bezeichnet: »Doch wer dich freundlich grüßt, dir Liebes tut, / dem hilfst du gern, und ihm gelingt es gut. Bist du der Kobold nicht?«

Metapher Ein rhetorisches Stilmittel, bei dem das eigentlich Gemeinte durch etwas Ähnliches ersetzt wird, z. B., »Leben ist nur ein wandelnd Schattenbild«.

Oberon Der König der Feen, Titanias Ehemann (*Ein Sommernachtstraum*). Weil sich Titania geweigert hat, ihm ein fremdes indisches Kind zu übergeben, will er sich an ihr rächen. Er beauftragt Puck, ihr im Schlaf einen speziellen Saft auf die Augen aufzutragen, sodass sie sich beim Erwachen in die nächstbeste Kreatur verlieben wird.

Liebestrank Ein magischer Trank, der angeblich Liebe oder Verlangen für eine bestimmte Person hervorruft.

Fegefeuer Nach katholischem Glauben ein Ort oder Zustand des Leidens, der von den Seelen der Sünder bewohnt wird, die Wiedergutmachung leisten müssen, bevor sie in den Himmel aufsteigen.

Elementargeist Ein trügerisches, mythisches Wesen. Oberon beschreibt Puck als seinen »schlauen Geist«. Ariel im *Sturm* ist ebenfalls ein Elementargeist.

Theseus Herzog Theseus ist der Herrscher Athens im *Sommernachtstraum*. Er und seine Braut Hippolyta erscheinen nur am Anfang und am Ende des Stücks.

Titania Königin der Feen, Oberons Gattin (*Ein Sommernachtstraum*). Nachdem sie von Pucks Zaubersaft verhext worden ist, verliebt sie sich in Zettel, einen Weber und Laiendarsteller, dessen Kopf in den eines Esels verwandelt worden ist.

ELISABETHANISCHE MAGIE

Ein Drama in 30 Sekunden

3-SEKUNDEN SPICKZETTEL
An Magie zu glauben war normal im elisabethanischen Zeitalter. Gibt es keine Magie oder haben wir sie einfach aus den Augen verloren?

3-MINUTEN EINWURF
Ohne die »Magie« der katholischen Kirche – ihre Heilungen, Austreibungen, Beichten, Sakramente und magischen Objekte, die den Träger mit der Kraft Gottes beschützten – mussten die elisabethanischen Protestanten woanders nach metaphysischer Nahrung suchen. Es schien unwichtig zu sein, ob Gebet oder Zauber wirkte – was zählte, war die Sicherheit, den der Glaube an Rituale ebenso wie die Magie vermittelt.

Magie war allgegenwärtig im elisabethanischen England. Die altertümlichen magischen und alchemistischen Aufzeichnungen des Hermes Trismegistus waren in Mode. Der Earl of Northumberland, »Graf Hexenmeister«, experimentierte mit okkulten Praktiken, während Simon Forman von Adeligen engagiert wurde, um Liebestränke und andere Heilmittel bereitzustellen. Die Gräfin von Pembroke besaß ihr eigenes Alchemie-Labor. John Dee hatte angeblich von Engeln eine Geheimsprache gelernt und Elisabeth I. hoffte, eine kleine Menge von Sir Edward Kelleys magischer Tinktur zu erwerben, um so die Kriegsflotte zu bezahlen. Es ist also kein Wunder, dass Shakespeares Dramen voller Magie sind: Glendower wird im 1. Teil von *Heinrich IV.* für einen Zauberer gehalten, Othello beteuert, dass das Handtuch magisch ist, und dann gibt es natürlich noch den *Sommernachtstraum*. Alchemie war mehr als nur das Bemühen, Gold herzustellen – es war eine Naturphilosophie gepaart mit Mystik und Symbolik. Romeo besucht einen Apotheker, um Gift zu erwerben und beschreibt dessen Wirkungsweise in allen Einzelheiten. In *Wie es euch gefällt* entwickelt Shakespeare eine komplizierte alchemistische Metapher, indem er von einer Eiche, einer grün-vergoldeten, sich windenden Schlange, einer Löwin und einer blutigen WUnde schreibt, all das, während zwei Brüder sich versöhnen. Für uns ist Magie eine Illusion, doch für die Elisabethaner war sie real.

30-SEKUNDEN-QUERVERWEIS
MAGIER & HEXEN
Seite 120

FEEN & ELEMENTARGEISTER
Seite 124

ZAUBER & TRÄNKE
Seite 130

3-SEKUNDEN-BIOGRAFIEN
JOHN DEE
1527– ca. 1608
Okkultist, Astronom, Astrologe und Mathematiker

SIMON FORMAN
1552–1611
Astrologe, Okkultist und Mediziner

HENRY PERCY
1564–1632
Der neunte Earl of Northumberland, der »Graf Hexenmeister«

30-SEKUNDEN-TEXT
Robin Williams

Alchemie war zur Zeit Shakespeares bliebt, und so zeigt sein Werk zahlreiche alchemistische Anspielungen.

MAGIER & HEXEN

Ein Drama in 30 Sekunden

3-SEKUNDEN SPICKZETTEL
Trotz seines Gespürs für
Charaktere und soziale
Verhältnisse liebten Shake-
speare und sein Publikum
die spektakuläre, seltsame
und herrlich unwirkliche
Welt der Magie.

3-MINUTEN EINWURF
Ein Großteil der Magie, die
jemand wie Prospero nutzt,
beruht auf Täuschung,
sodass es nicht ver-
wunderlich ist, dass diese
magischen Effekte oft dis-
kutiert werden (sowohl in
den Stücken selbst als auch
im Anschluss von Kritikern)
und als Metaphern für
das Theater verstanden
werden, wo man Welten
nur durch Worte schafft
und bevölkert. So gesehen
wird Shakespeare selbst
zum Meistermagier, dessen
Stücke – so deutet er es
an – zur gleichen Zeit all-
mächtig, letztendlich aber
auch wertlos sind.

Theater – mit all seinen Ritualen,
seinem Spektakel und seiner Macht zu bewegen –
fühlt sich nahezu magisch an. Shakespeares Stücke
nutzen häufig diese Dynamik mit Geschichten über
Leute, die sich übernatürlicher Kräfte bedienen.
Früh in seiner Karriere fügte er Jeanne d'Arc in den
1. Teil von *Heinrich VI.* ein, deren mystische Macht
die Franzosen als Heiligkeit und die Engländern als
Beweis schwarzer Magie bewerten. Zauberei ist von
zentraler Bedeutung für *Macbeth* und wichtiger
Motor der Handlung: Die drei »unheimlichen Schwes-
tern« erzählen der Titelfigur Halbwahrheiten, die
Macbeth davon überzeugen, dass ihn übernatürliche
Kräfte unbesiegbar gemacht hätten und sich nichts
seiner blutigen Machtergreifung widersetzten könne.
Im weiteren Verlauf seiner Karriere formte Shakespeare den *Sturm* rund um einen anderen Zauberer,
Prospero, der mit seiner Magie Geister heraufbeschwört, die seinen größtenteils wohlwollenden
Anordnungen folgen müssen. Später stellt sich
jedoch heraus, dass er seine Fähigkeiten auch nutzt,
um Gräber zu öffnen und mit den Toten zu kom-
munizieren. Diese Stücke (wie zuvor Christopher
Marlowes *Doktor Faustus*, der sie inspiriert haben
mag) verwendeten Bühneneffekte, um Ehrfurcht,
Mystik und Begeisterung zu vermitteln, aber auch um
die Angst des Publikums zu nutzen, das befürchtete,
die Magie sei echt und die Figuren auf der Bühne
riskierten ihr Seelenheil.

30-SEKUNDEN-QUERVERWEIS
MEDIZIN
Seite 62

MACBETH
Seite 104

ELISABETHANISCHE MAGIE
Seite 118

DER STURM
Seite 146

3-SEKUNDEN-BIOGRAFIEN
JOHN DEE
1527–ca. 1608
Okkultist und Mathematiker

CHRISTOPHER MARLOWE
1564–1593
Dramatiker

30-SEKUNDEN-TEXT
Andrew James Hartley

*Shakespeare, selbst ein
Bühnenzauberer, schuf
magische Charaktere,
um das Publikum in
seinen Bann zu ziehen.*

GEISTER

Ein Drama in 30 Sekunden

Die Geister in Shakespeares Tragödien – *Hamlet*, *Macbeth* und *Julius Cäsar* – und Historien – *Heinrich VI.* und *Richard III.* – sind den prophetischen Rachegeistern der klassischen Dramen Aischylos und Senecas nachempfunden. Obwohl Platon die Bühnengeister der attischen Tragödien verschmähte, beschäftigte er sich doch mit der Vorstellung, dass die Seelen Toter ihre Mörder oft verfolgen. Hamlets Geist verlangt nach Rache für seine frühzeitige Ermordung und beschreibt das qualvolle Dasein wie eine heidnische Unterwelt. Banquos Geist erschreckt Macbeth während eines Banketts und durchkreuzt später den Ehrgeiz des Thronräubers, einen königlichen Erben zu zeugen. Die drei Hexen beschwören dann in einem Ritual die Erscheinung von acht zukünftigen Königen Schottlands herauf, die alle von von Banquo abstammen. Shakespeares tragische Geister bieten hier weit mehr als unheimliches Spektakel. Sie sind unerlässlich für die Handlungen und repräsentieren eine überirdische Manifestation göttlicher Gerechtigkeit nach dem königlichen Attentat. In der Romanze *Cymbeline* erscheinen Posthumus' Brüder, die heldenhaft im Kampf gestorben sind und seine verstorbene Eltern, um als Geister ihren Segen zu geben und Jupiters Schutz für Posthumus zu erbitten. Und im *Wintermärchen* macht Hermiones' Traumgeist einen solchen Eindruck auf Antigonus, dass das Kleinkind Perdita verschont wird.

3-SEKUNDEN SPICKZETTEL
Sowohl in seinen Tragödien als auch in seinen Historien gibt es bei Shakespeare Rachegeister als Instrumente düsterer Prophezeiungen und göttlicher Vergeltung gegen Mörder.

3-MINUTEN EINWURF
Im 16. Jahrhundert wurde angenommen, dass Geister Dämonen, unheilvolle böse Wesen oder die Seelen der Verstorbenen seien, die sich, wie etwa im katholischen Fegfeuer, einer Zeit der Reinigung unterzogen. Skeptiker hielten Geister für Halluzinationen oder Täuschungen. Was auch immer Shakespeares Publikum über Geister glaubte: sie füllten die Lücke, die durch die Verbannung des Fegfeuers 1563 im englischen Protestantismus entstand.

30-SEKUNDEN-QUERVERWEIS
KLASSISCHE EINFLÜSSE
Seite 24

MAGIER & HEXEN
Seite 120

WEISSAGUNGEN &
WARNUNGEN
Seite 132

3-SEKUNDEN-BIOGRAFIEN
REGINALD SCOTT
1538–1599
Autor von *The Discoverie of Witchcraft*

TIMOTHIE BRIGHT
1551–1615
Autor von *A Treatise of Melancholy*

KÖNIG JAMES VI VON SCHOTTLAND
1564–1625
Autor von *Daemonologie*

30-SEKUNDEN-TEXT
Earl Showerman

Nach klassischer Tradition sind Shakespeares Geister rachsüchtige und prophetische Wesen.

FEEN & ELEMENTARGEISTER

Ein Drama in 30 Sekunden

Ganz egal wie belesen er war und wie viel er über andere Kulturen wusste: Shakespeare war fasziniert von einer ländlichen und eindeutig englischen Volkstradition. Dies macht sich häufig in Allusionen und Metaphern bemerkbar, wenn beispielsweise Mercutio in *Romeo und Julia* ausführlich über eine Fee spricht, die sich Frau Mab nennt und Träume beschert. Doch Shakespeare bringt solche Kreaturen wortwörtlich auf die Bühne im *Sommernachtstraum* und, auf etwas andere Art und Weise, im *Sturm*. Im letztgenannten Stück ist Ariel ein Wesen der Luft, des Wassers und des Feuers; ein Gestaltwandler, ein Meister der Musik und der Illusion. Im *Sommernachtstraum* sind die Feen in der Erde und in den Wäldern verwurzelt und gehen eher aus der englischen Heimatlandschaft des Bühnenautors hervor als aus dem athenischen Wald, der ihre Heimat im Stück ist. Die Feen werden von einem König und einer Königin angeführt, Oberon und Titania. Begleitet werden beide von Feendienern, von denen einer – Puck – ein mutwilliger Störenfried ist, der das Chaos liebt. Obwohl seine Mätzchen hauptsächlich in harmlosem Unfug enden, ist er auch ein Kobold, der alptraumhafte Erscheinungen heraufbeschwören kann: die Fehde zwischen den Feen im Stück hat verheerende Auswirkungen auf Wetter und Landschaft. Daraus wird klar, dass es für Shakespeares Zuschauer vieles in der Welt gab, das sie nicht verstanden und demgegenüber sie misstrauisch waren.

3-SEKUNDEN-QUERVERWEIS
ELISABETHANISCHE MAGIE
Seite 118

EIN SOMMERNACHTSTRAUM
Seite 126

DER STURM
Seite 146

30-SEKUNDEN-TEXT
Andrew James Hartley

3-SEKUNDEN SPICKZETTEL
Für Shakespeare dienen Elementargeister und Feen nicht nur der Handlung; sie weisen auf alles in dieser Welt hin, das sich dem menschlichen Verständnis und Einfluss entzieht.

3-MINUTEN EINWURF
Die Fee, die sich Mercutio vorstellt, und die Feen im *Sommernachtstraum* sind winzige Kreaturen. Sie reisen in Kutschen aus Haselnussschalen, schlafen in Schlangenhäuten und jagen Bienen, doch sie unterhalten innige Beziehungen zu Menschen. Es ist nicht ganz klar, wie dies tatsächlich funktioniert – einmal scheinen Feen genauso groß wie Menschen, ein anderes Mal scheinen die Menschen auf ihre Größe geschrumpft: für Shakespeare ist all dies kein Hindernis für eine gute Geschichte.

Shakespeares Feen sind von Volksüberlieferungen inspiriert und verkörpern unter anderem die Geheimnisse des Lebens.

EIN SOMMERNACHTSTRAUM

Dies ist – so wollen uns manche überzeugen – Shakespeares kinderfreundlichstes Stück: eine absurde romantische Komödie mit Magie, Feen, einem albernen Minidrama und glücklichen Enden an jeder Ecke. Dies ist das Stück, wie es die Viktorianer sahen, voller Blumen und anmutiger Feen, oft von Kindern gespielt. Aber schaut man sich das Stück etwas näher an, zeigt sich etwas, das finster und beunruhigend ist. Die Handlung beginnt einen Tag vor zwei Zwangsheiraten – Theseus soll die gefangene Hippolypta heiraten und Demetrius Hermia, die mit dem Tod bedroht wird, falls sie nicht gehorcht. Durch Oberons und Titanias Fehde sind die Jahreszeiten völlig auf den Kopf gestellt. Der Streit dreht sich namentlich um den Besitz eines indischen Jungen, wird aber auch durch sexuelle Eifersucht vorangetrieben, die die Feen mit den Menschen der Haupthandlung verbindet. Es steht viel auf dem Spiel, und die Bitternis aller Beteiligten (darunter dieser zankenden Paare, die durch die Wälder wandern) macht aus einem Traum einen Alptraum, in dem sich nichts so verhält, wie es sollte, in dem sich Liebespaare aus unersichtlichem Grund betrügen und in dem die tödliche Gefahr real und stets präsent ist. Die Dinge scheinen sich glücklich aufzuklären, doch tun sie es auf merkwürdige Art und Weise. Die anfängliche Spannung zwischen Theseus und seiner wortkargen Braut vergeht, ohne dass die beiden in der Zwischenzeit auf der Bühne sind, doch ihre Alter Egos (die Feen Oberon und Titania) sind in der Waldszene anwesend. Auf Shakespeares Bühne haben die meisten Darsteller wohl mehr als eine Rolle gespielt und es ergibt psychologischen Sinn, dass der Streit zwischen Theseus und Hippolypta vom Feenkönig und seiner Frau verkörpert wird, da die beiden Paare wahrscheinlich identisch aussahen. Alle Konflikte des Stücks (selbst der in *Pyramus und Thisbe*) drehen sich um Macht, Einfluss und Begierde, und die Ausgänge dieser Konflikte sind weniger eindeutig, als wir vielleicht annehmen. Oberon entzieht Titania ihren Willen, was er angeblich erreichen wollte, dadurch aber wird er für sie sexuell und persönlich unattraktiv. Es ist bezeichnend, dass er ihr altes streitlustiges Wesen zurückverlangt, als er Titania von seinem Zauber befreit. Die Wälder erlauben es, mit den gängigen Rollen zu spielen und sie umzukehren, sodass diejenigen, die sonst verehrt werden, nun verschmäht sind und umgekehrt. Zuletzt wird Harmonie durch Gegenseitigkeit, durch ein Gleichgewicht der Macht erreicht, und diejenigen, die auf patriarchalische Autorität bestehen (so wie Hermias Vater), werden überstimmt. All dies sind zu tiefe und düstere Gewässer für die meisten Kinder.

Andrew James Hartley

MONSTER
Ein Drama in 30 Sekunden

Wie für jede Gesellschaft gab es auch für Shakespeares England eine Welt voller Monster. Als eine bunte Schar, die Angst, Ekel und Faszination hervorrief, wurden diese Wesen mitunter heraufbeschworen, mitunter aber tauchten sie auch als Folge von Normbefolgung oder -überschreitung auf. »Barbarische« Stammesangehörige – importiert durch Englands früheste Expeditionen – konnte man sich auf Londoner Jahrmärkten für einen Penny ansehen, und in den Bücherregalen der Stadt fand man angeblich Erzählungen über fantastische Geschöpfe, abscheuliche Unmenschen, entstellte Figuren und Ähnliches. Diese Faszination der frühen Neuzeit war Shakespeare nicht fremd; überall finden sich in seiner Sprache Bilder des Monströsen. Romeo nennt den Tod einen »verhaßten, hagren Unhold«; Macduff verspricht, dass Macbeth »als seltnes Ungeheuer« bestraft wird; berüchtigt, wie er ist, warnt Jago Othello: »Nehmt euch vor der Eifersucht in Acht; sie ist ein grünäugiges Ungeheuer.« In seinen Dramen setzt Shakespeare Monster auch in Szene: der entstellte Richard in *Richard III.*, der verwandelte Zettel im *Sommernachtstraum*, die verstörenden Hexen in *Macbeth* und der entfremdete Caliban, der Sohn der »faulen Hexe Sycorax«, im *Sturm*. Durch ihr Auftreten und Handeln faszinieren uns diese Charaktere im Film und auf der Bühne und regen uns an, nicht nur äußerliche, sondern auch innere Monster zu erkennen.

30-SEKUNDEN-QUERVERWEIS
EIN SOMMERNACHTSTRAUM
Seite 126

DER STURM
Seite 146

3 SEKUNDEN-BIOGRAPHIE
MICHEL DE MONTAIGNE
1533–1592
Essayist

30-SEKUNDEN-TEXT
Kirk Melnikoff

Shakespeare war von dem monströsen »Anderen« ebenso fasziniert wie vom Monster in uns.

ZAUBER & TRÄNKE

Ein Drama in 30 Sekunden

Vom *Carduus benedictus* (Bene-diktenkraut), das in *Viel Lärm um nichts* einen Herz-anfall lindert, bis hin zur magischen Blume, die im *Sommernachtstraum* die Augen schlafender Liebender bezaubert: Shakespeare präsentiert in seinen Dramen eine Vielfalt von Giften, Gebräuen und Zaubersprüchen – reale und erfundene. Sowohl Imogen (*Cymbeline*) als auch Julia (*Romeo und Julia*) trinken ein Elixier, das sie in einen tiefen, todes-ähnlichen Schlaf fallen lässt. Zauberei trägt Schuld, wenn Liebe als unrechtmäßig empfunden wird, wie es Desdemonas Vater tut, als diese sich in Othello verliebt; Egeus im *Sommernachtstraum* glaubt, dass Lysander seine Tochter mit Verzauberungen lockt. Shakespeares Kenntnisse über Kräuter sind beeindruckend. Er wusste, dass Kräuter je nach Verwendungszweck zu bestimmten Zeiten ge-sammelt werden müssen: »Schierlingswurz aus fins-term Grund« weist darauf hin, dass die Pflanze bei Neumond zu pflücken sei, der Phase, in der alles zu sammeln ist, um in die Zukunft blicken zu können. Anders sind Stücke des vergifteten Eibenbaums »vom Stamm gerissen in des Mondes Finsternissen«, also bei abnehmendem Mond zerhäckselt worden, der üblichen Zeit, um Pflanzen für Verwünschungen zu gewinnen. Bruder Lorenzo in *Romeo und Julia* sucht Kräuter im Morgentau und bestätigt, dass es »große Kräfte sind, weiß man sie recht zu pflegen, / die Pflanzen, Kräuter, Stein in ihrem Innern hegen.«

3-SEKUNDEN SPICKZETTEL
Shakespeares Werk enthält detailliertere Informa-tionen über Zauber und Tränke als über Kriege und Schlachten.

3-MINUTEN EINWURF
Laut altertümlichen Koch- und Kräuterbüchern sind es Kräuter und Pflanzen, die sich in *Macbeth* im Koch-kessel befinden: das Auge des Molchs steht für Senf-körner; die Hundezunge ist ein Blatt der gleichnamigen Pflanze; Drachenschuppe ist ein Blatt des »deut-schen Estragons«, dessen lateinischer Name »kleiner Drache« bedeutet. Mumia, ein Medikament, das aus getrockneten menschlichen Mumien bestand, war bei den Elisabethanern beliebt und findet sich bis 1908 in Mercks pharmazeutischem Katalog.

30-SEKUNDEN-QUERVERWEIS
MEDIZIN
Seite 62

ELISABETHANISCHE MAGIE
Seite 118

MAGIER & HEXEN
Seite 120

3-SEKUNDEN-BIOGRAFIEN
PARACELSUS
ca. 1493–1541
Mediziner, Botaniker und Astrologe, von Shakespeare erwähnt

JOHN GERARD
1545–1612
Englischer Kräuterarzt

30-SEKUNDEN-TEXT
Robin Williams

Shakespeare hatte ein detailliertes Wissen von Kräuterkunde, wie der Zauber der Hexen in ›Macbeth‹ zeigt.

WEISSAGUNGEN & WARNUNGEN

Ein Drama in 30 Sekunden

Shakespeares Stücke sind reich an Prophezeiungen und Warnungen. In *Richard III.* verbreitet Richard eine irreführende Weissagung, um seinen Bruder George zu belasten, der selbst in einem entsetzlichen Alptraum seinen eigenen Tod geschehen sieht – eine Vorwarnung, die sich schon bald verwirklicht, als er von Richards Attentäter in einem Weinfass ertränkt wird. In demselben Stück nehmen Margaretes unheimliche prophetische Flüche den Tod zahlreicher Figuren vorweg (einschließlich den Richards). In *Troilus und Cressida* prophezeit Kassandra den Fall Trojas und in *Julius Cäsar* träumt Cäsars Gemahlin Calpurnia, dass er in ihren Armen sterben werde. Jeanne d'Arc aus Pucelle im 1. Teil von *Heinrich VI.* bezieht ihre prophetische Macht aus einem gottlosen Pakt mit dämonischen »Unmenschen«, und im 2. Teil von Heinrich VI. widerfährt dem schlafenden Herzog von Gloucester eine grauenhafte Vorahnung, die scheinbar seinen Niedergang voraussagt – die ehrgeizige Herzogin träumt dagegen, dass sie Königin werden wird. Schließlich gibt es noch die verführerischen (aber oft auch verwirrenden) Prophezeiungen der drei Hexen, die Macbeth zu immer schockierenderen Gewalttaten verleiten und ihn sogar davon überzeugen, dass ihn »kein Mann, vom Weib geboren«, verletzen könne. Ironischerweise zeigt ihm sein Erzfeind Macduff, per Kaiserschnitt geboren, wie gefährlich Prophezeiungen sein können.

3-SEKUNDEN SPICKZETTEL
Shakespeare nutzt Prophezeiungen bisweilen als »Wegweiser« zur Entwicklung der Handlung; oft dienen sie als Rätsel, die es für Figuren – und die Zuschauer – zu entschlüsseln gilt.

3-MINUTEN EINWURF
Auch wenn Prophezeiungen nach allgemeiner Vorstellung den Willen Gottes ausdrückten, ist ihre Bedeutung – und ihre Verlässlichkeit – bei Shakespeare unklar. Tatsächlich vernebeln sie genau so häufig Zusammenhänge, wie sie Licht ins Dunkel bringen, sodass Charaktere und Zuschauer gleichermaßen getäuscht werden. Besonders in den Historiendramen dient das Problem, Vorhersagen und Warnungen zu interpretieren, als Analogie für die Schwierigkeit, sowohl Geschichte als auch ihre treibenden Kräfte zu begreifen.

30-SEKUNDEN-QUERVERWEIS
BIBLISCHE BEZÜGE
Seite 60

MACBETH
Seite 104

ELISABETHANISCHE MAGIE
Seite 118

MAGIER & HEXEN
Seite 120

3-SEKUNDEN-BIOGRAFIEN
HENRY HOWARD
1540–1614
1. Earl of Northampton, der gegen das »Gift angeblicher Prophezeiungen« wetterte

RICHARD HARVEY
1560–1630
Geistlicher, der Katastrophen im Jahre 1588 voraussagte

WILLIAM HACKETT
† 1591
Selbsternannter Prophet

30-SEKUNDEN-TEXT
Lee Joseph Rooney

Kassandra sagt den Fall Trojas voraus; in anderen Dramen sind Prophezeiungen nicht vertrauenswürdig.

VERMÄCHTNIS ◑

VERMÄCHTNIS
GLOSSAR

Anne Hathaway Der Geburtsname von William Shakespeares Ehefrau.

Ariel Ein schadenfroher Elementargeist in *Der Sturm*.

Zuschreibung Ein Vorgang, bei dem einem bestimmten Künstler oder Autor ein Werk zugeordnet wird.

Bardolatrie Vergötterung des »Barden« schlechthin, also eine übertriebene Verehrung William Shakespeares als eine Art Gott.

Blankvers Eine Verszeile, die rhythmisch strukturiert ist, sich aber nicht reimt. Blankverse sind gewöhnlich als jambische Fünfheber geschrieben, was bedeutet, dass fünf Mal pro Zeile eine betonte auf eine unbetonte Silbe folgt. Blankverse unterscheiden sich von freien Versen, die sich weder reimen noch einen festen Rhythmus aufweisen.

Caliban Ein Charakter im *Sturm*; ein bestialischer Halbmensch, dessen Mutter die Hexe Sycorax war und der (ein Stück weit widerwillig) Prospero dient.

Kollokation In der Linguistik die gewohnheitsmäßige gehäufte Platzierung eines Wortes mit einem anderen Wort oder einer Wortgruppe.

Kulturelles Bewusstsein Ein Bewusstsein der eigenen Kultur und ein Verständnis dafür, wie sie sich zu anderen Kulturen verhält.

David Garrick Ein einflussreicher Shakespeare-Schauspieler und Theaterdirektor (1717–1779), der für die ersten großen Shakespeare-Festspiele – das *Shakespeare Jubilee* im Jahre 1769 – verantwortlich war. Er prägte beinahe alle Bereiche der Theaterproduktion im 18. Jahrhundert.

Gestelzter Ausdruck Ein Ausdruck aus einer Fremdsprache wie dem Lateinischen, dessen Gebrauch als überflüssig oder angeberisch erachtet wird.

Machiavellistisch Die Prinzipien betreffend, die Niccolo Machiavelli (1469–1527) in seinem Werk *Der Fürst* darlegte. Dieses untersucht, wie politische Macht erworben und erhalten wird, und wird oft mit der Redewendung »Der Zweck heiligt die Mittel« zusammengefasst. Der Begriff »machiavellistisch« trifft auf Leute zu, die sich beim Erwerb von Macht hinterhältig und rücksichtslos verhalten.

Maskenspiel Eine Form der dramatischen Laienunterhaltung, die beim Adel des 16. und 17. Jahrhunderts beliebt war und Tanz und Schauspiel maskierter Darsteller zeigte.

Prospero Die Hauptfigur in *Der Sturm*; der verbannte Herzog von Mailand, der durch das Studium bestimmter Werke zu einem mächtigen Magier geworden ist.

Romantische Poesie Die Romantik war eine kulturgeschichtliche Epoche des mittleren bis späten 18. Jahrhunderts (und des sehr frühen 19. Jahrhunderts), die sich gegen die rationalere Denkweise der Aufklärung wehrte. Zu ihren Vertretern gehörten Dichter wie Wordsworth, Keats, Shelley, Byron und Coleridge. Sie bevorzugten es, über persönlichere und gefühlvollere Themen sowie über die Natur zu schreiben.

Soliloquy Ein Selbstgespräch einer Figur, das – anders als beim Monolog im Allgemeinen – nur das Publikum zu hören bekommt.

Elementargeist Ein trügerisches, mythisches Wesen. Oberon beschreibt Puck als seinen »schlauen Geist«. Ariel im *Sturm* ist ebenfalls ein Elementargeist.

Bühnenanweisung Eine Anweisung im Text des Stücks in Bezug auf die Kulisse, die Position oder Bewegung eines oder mehrerer Darsteller, den Ton eines Dialogabschnitts oder bezüglich irgendwelcher Klang- oder Lichteffekte.

»DER KÖNIG VON UNERMESSLICHEM GEBIETE«

Ein Drama in 30 Sekunden

Trotz all ihrer Fülle und Komplexität sind Shakespeares Dramen keine Romane oder Gedichte zur privaten Lektüre, sondern Theaterstücke, die ihre beabsichtige Vollendung nur erreichen, wenn sie von Darstellern gespielt werden. Auf dem Papier bestehen die Stücke nur aus Charakternamen und Dialogen – selbst Bühnenanweisungen (häufig später hinzugefügt) werden sparsam verwendet –, doch die wenigen Richtlinien des Textes hinsichtlich der Inszenierung eröffnen eine große Spannbreite an Möglichkeiten. Statt eine »konventionsgerechte« Aufführung anzustreben und sich bei der Umsetzung an früheren Aufführungen zu orientieren, sollte der Text zum Ausgangspunkt eines neues Kunstobjekt werden, das aus der Interaktion der Schauspieler mit dem eigentlichen Text hervorgeht. Egal wie statisch das geschriebene Drama ist, ein wichtiges Bestandteil des Bühnenereignisses ist die Interpretation der Darsteller, die immer wieder neu ihre eigenen Anliegen und Ideen in das Werk einfließen lassen. So dokumentiert die Aufführungsgeschichte eines jeden Shakespeare-Dramas notwendigerweise auch die jeweils kulturelle und politische Weiterentwicklung. Der Text findet in einer guten Inszenierung seinen Widerhall, etwas, das ihn unmittelbar wirken lässt, damit die Zuschauer nicht nur ein altes Shakespeare-Drama sehen, sondern ein Theaterstück, das sie unmittelbar anspricht und sich mit Ideen und Themen beschäftigt, in denen es sich wiederfindet.

3-SEKUNDEN SPICKZETTEL
Shakespeares Text ist nur die Grundlage. Auf der Bühne wird das Stück zu einem lebendigen, atmenden und einmaligen »Organismus«.

3-MINUTEN EINWURF
Eine Produktion (oder eine Verfilmung) von *Julius Cäsar* mag wohl im Rom des 1. Jahrhunderts spielen, doch vielleicht lässt es sich auch ins Dritte Reich oder in das heutige London als Hinterfragung moderner Politik und der medialen Manipulation der Öffentlichkeit übertragen. Verschiedene Theatertruppen zu verschiedenen Zeiten finden verschiedene Elemente des Stücks spannend und reif für eine Analyse, sodass sich das Stück weiterentwickelt und dabei – wenn alles richtig gemacht wird – die elektrisierende Frische beibehält, die es bei seiner Uraufführung ausstrahlte.

30-SEKUNDEN-QUERVERWEIS
ZEITGENÖSSISCHE EINFLÜSSE
Seite 26

DER GESCHICHTENERZÄHLER
Seite 142

3-SEKUNDEN-BIOGRAFIEN
RICHARD BURBAGE
1567–1619
Schauspieler und Theaterbesitzer

DAVID GARRICK
1717–1779
Shakespeare-Schauspieler und Theaterdirektor

PETER HALL
*1930
Direktor und Gründer der *Royal Shakespeare Company*

30-SEKUNDEN-TEXT
Andrew James Hartley

Theatertruppen können Shakespeares Dramen jeder beliebigen Kultur oder Zeit anpassen.

DER ERFINDER DES ENGLISCHEN

Ein Drama in 30 Sekunden

Elisabethaner stritten sich über neue englische Wörter – war das Fachchinesisch, das man verachten und ablehnen sollte, oder waren die neuen Wörter erforderlich, um neue Ideen zu beschreiben und die Sprache zu erweitern? Manche haben nicht überlebt (z. B. »exsufflicate« im *Othello*). Für andere bietet Shakespeare Definitionen an: Macbeth beklagt, dass seine Hände so mit dem Blut König Duncans besudelt seien, dass sie im Falle einer Reinigung »die unermesslichen Gewässer färben / Und Grün in Rot verwandeln«. Lady Macbeth wäre am liebsten ›unsex‹, ein Wort, das im Drama selbst überlebt. Andere Wörter wie »accomodation« (*Maß für Maß*) und »assassination« (*Macbeth*) sind heutzutage weitverbreitet. Denkwürdiger und sofort erkennbar sind Phrasen, die Engländer benutzen und die allesamt auf Shakespeare zurückgehen: Sie erklären etwa, »hoist with his own petard« (»In der Kürze liegt die Würze«), verweisen auf »my mind's eye« (»mein geistiges Auge«) und greifen auf Phrasen wie »To be or not to be« samt allen sich daraus ergeben Wortspielen wie »taboo or not taboo« zurück, and »to the manner born« (etwa »mit schlafwandlerischer Sicherheit«)– sie alle stammen aus *Hamlet*. Der Journalist Bernard Levin erstellte eine Liste von mehr als 50 solcher Redewendungen: wenn Engländer sagen »It's Greek to me«, (etwa ›Ich versteh nur Bahnhof«) oder es ist »dead as a doornail«, (»mausetot«), dann, so Levin, zitieren wir Shakespeare.

30-SEKUNDEN-QUERVERWEIS
SPRACHE & VOKABULAR
Seite 58

REDEWENDUNGEN
Seite 84

3-SEKUNDEN-BIOGRAFIEN
BERNARD LEVIN
1928–2004
Journalist, Autor und Moderator

30-SEKUNDEN-TEXT
Margrethe Jolly

3-SEKUNDEN SPICKZETTEL
Wie viele seiner Zeitgenossen erfreute sich Shakespeare an sprachlichen Innovationen. Vier Jahrhunderte später sind viele der von ihm kreierten Wörter und Phrasen Teil des englischen Alltags.

3-MINUTEN EINWURF
Manchmal erweiterte Shakespeare Wörter um Silben, die bereits in Gebrauch waren, wie etwa »laugh*able*« (lach*haft*), »*dis*locate« (verrenken) und »un« in »unnerved« (entnervt), »unknowing« (unwissend) und »unpolluted« (unverschmutzt). Gelegentlich bildete er Durchkopplungen wie »smooth-faced« und »tongue-tied«, von denen einige zu Kollokationen der Gegenwart wurden: »pell mell«, »fair play« und »fancy free«. Wie Armado in *Verlorene Liebesmüh* scheint Shakespeare »funkelneu von Phras' und seltnem Wort«.

Man schätzt, dass Shakespeare die englische Sprache um mindestens 1700 Wörter bereichert hat.

DER GESCHICHTEN-ERZÄHLER
Ein Drama in 30 Sekunden

3-SEKUNDEN SPICKZETTEL
Heutzutage ist Shakespeare nicht nur ein Autor einer Ansammlung bekannter Werke, sondern steht für kulturellen Reichtum mit einem dynamischen Eigenleben.

3-MINUTEN EINWURF
Schriftsteller können ohne Probleme Shakespeare adaptieren, da keines seiner Werke urheberrechtlich geschützt ist. Aber das ist nicht das einzige, was Autoren an der Idee reizt. Wenn man eine alte Geschichte nacherzählt, belebt man das kulturelles Bewusstsein der Vergangenheit und schafft zugleich etwas, das sich – falls gelungen – überzeugend neu anfühlt. Man wird Teil einer lebendigen Erzähltradition, an deren Beginn nicht unbedingt Shakespeare stand, da er selbst die Erzählungen anderer Autoren adaptierte.

Wenn es darum ging, eine Handlung zu konstruieren, scheute Shakespeare wie die meisten Schriftsteller seiner Zeit keine Anleihen – aus Geschichte und Mythologie, aus früheren Versionen derselben Geschichten und aus dem Repertoire, anderer Dramatiker. Er machte sie zu jeweils seinen Geschichten, indem er Wendungen einbaute, die selbst diejenigen überraschten, die den Ausgangsstoff kannten (z. B. als er Cordelia tötet in *König Lear*), indem er neue Charaktere schuf und in einem Stil schrieb, der die Geschichte gänzlich veränderte und erneuerte. Während seine Bekanntheit mit der Zeit stieg und seine Geschichten von zentraler Bedeutung für Kultur und Erziehung wurden, sind spätere Schriftsteller ähnlich vorgegangen und haben seine Werke zu neuen Büchern und Theaterstücken verarbeitet. Die Handlung von *König Lear* wurde zum Beispiel von Jane Smiley in *Tausend Morgen* aufgegriffen, ein Roman über die Töchter eines Farmers in Iowa. Bühnenmusicals wie *West Side Story* und *Kiss Me Kate* sind Nachfahren von *Romeo und Julia* und der *Widerspenstigen Zähmung*, während etwas Einfallsreichtum *Hamlet* in den *König der Löwen* verwandelte. Fernsehserien wie *House of Cards* lassen sich von *Richard III.* inspirieren, nicht nur in Form machiavellistischer Politik, sondern auch durch die unmittelbare und vertrauliche Ansprache des Publikums durch die Hauptfigur.

30-SEKUNDEN-QUERVERWEIS
TEXTQUELLEN
Seite 20

»DER KÖNIG VON UNERMESS-LICHEM GEBIETE
Seite 138

3-SEKUNDEN-BIOGRAFIEN
COLE PORTER
1891–1964
Liedermacher und Komponist

JANE SMILEY
*1949
Romanautorin

30-SEKUNDEN-TEXT
Andrew James Hartley

»Romeo und Julia« ist im Musical »West Side Story« in die Gegenwart übertragen worden.

EINFLUSS

Ein Drama in 30 Sekunden

3-SEKUNDEN SPICKZETTEL
Sein Talent für Formulierungen und seine kulturelle Durchschlagkraft, die nur von der Bibel übertroffen wird, machen Shakespeare zu einem der einflussreichsten Schriftsteller aller Zeiten.

3-MINUTEN EINWURF
Viele Werke haben ihre Titel Shakespeare zu verdanken, etwa Agatha Christies *Die Mausefalle*, Alfred Hitchcocks *Der unsichtbare Dritte*, David Foster Wallaces *Unendlicher Spaß (Hamlet)*, Ray Bradburys *Das Böse kommt auf leisen Sohlen*, William Faulkners *Schall und Wahn (Macbeth)*, Alistair MacLeans *Where Eagles Dare (Richard III.)*, Thomas Hardys *Under the Greenwood Tree (Wie es euch gefällt)*, Frederick Forsyths *Die Hunde des Krieges (Julius Cäsar)* oder Aldous Huxleys *Schöne neue Welt (Der Sturm)*.

Ist Shakespeare einflussreicher

als andere Schriftsteller? Wie viele künstlerische Werke beziehen sich auf Shakespeares Stücke und Gedichte? Shakespeares Einfluss ist weltweit und betrifft alle Kunstformen. Es wird geschätzt, dass in der britischen Kunstgeschichte zwischen 1760 und 1900 ein Fünftel aller Bilder mit literarischem Bezug – ungefähr 2300 – Szenen aus Shakespeares Dramen darstellen. Hinzu kommen zahlreiche Nacherzählungen seiner Geschichten unter anderem Namen und in anderen Gattungen. Versatzstücke aus seinen Dramen und Gedichten wurden zu Titeln hunderter Stücke, Romane, Filme und Lieder. Nach der Bibel wird kein Buch – und kein Autor – öfters zitiert als Shakespeare. Er prägte nachhaltig die Poeten der Romantik: John Keats hatte seine Büste vor sich, wenn er Gedichte, teils reich an Shakespearischer Bildsprache, schrieb. Samuel Taylor Coleridge ließ sich gleichermaßen inspirieren und verfasste zahlreiche einflussreiche Essays über sein Werk. Charles Dickens wäre ohne Shakespeare nicht Charles Dickens und zitierte ihn häufig. Mindestens 25 seiner Buchtitel sind von Shakespeares Phrasen inspiriert. Bei Thomas Hardy und Herman Melville lässt sich ebenfalls sein Einfluss nachweisen: Melville übernahm in *Moby Dick* ganze Bühnenanweisungen und Soliloquien. Shakespeare inspiriert darüber hinaus unzählige moderne Schriftsteller, Künstler, Filmemacher, Musiker und Bühnenschaffende.

30-SEKUNDEN-QUERVERWEIS
REDEWENDUNGEN
Seite 84

DER GESCHICHTENERZÄHLER
Seite 142

EIN ENTSCHEIDENDES ERBE
Seite 152

3-SEKUNDEN-BIOGRAFIEN
JOHN KEATS
1795–1821
Poet

CHARLES DICKENS
1812–1870
Romanautor

HERMAN MELVILLE
1819–1891
Romanautor und Poet

30-SEKUNDEN-TEXT
Ros Barber

Shakespeare inspirierte Coleridge, Melville, Dickens, Keats und Hardy.

DER STURM

Shakespeares Spätwerk be-
ginnt bezeichnenderweise auf einem vom Kurs
abgekommenen Schiff inmitten eines tosenden
Sturms. Was den Anschein eines Natur-
phänomens hat, offenbart sich jedoch schnell als
magische List, mit der sich die treibende Kraft
des Stücks rächen möchte: Prospero war einst
Herzog von Mailand, lebt er als gestürzter Herrscher auf einer verwunschenen Insel in der Verbannung, zusammen mit seiner Tochter Miranda,
dem Sklaven Caliban und seinem Diener Ariel,
einem Elementargeist. Wie es das Schicksal will,
kommt das umhertreibende Schiff aus Mailand, und zu seinen Passagieren zählen Prosperos Bruder Antonio und Alonso, der König von
Neapel. Beide waren für den Sturz des Zauberers
hauptverantwortlich. Drei Gruppen von Schiff-
brüchigen finden auf die Insel und stehen in
jeweils unterschiedlicher Abhängigkeit von einem
Prospero, der um jeden Preis Gerechtigkeit verlangt und sein Herzogtum zurückgewinnen will.
Bis hierher kann dem Stück unterstellt werden, es
erkunde die Begrenztheit von Rache, die Macht
der Vergebung und die Möglichkeiten und Kosten
kolonialer Herrschaft. Zu guter Letzt aber geht
alles glücklich aus: Prospero versöhnt sich mit
denen, die ihm Unrecht getan haben, darunter
auch Caliban, und seine Tochter verlobt sich mit
Alonsos Sohn Ferdinand.

Zusammen mit dem *Sommernachtstraum* ist
der *Sturm* eine der reflektiertesten Arbeiten
Shakespeares zum Themenkomplex Kunst,
Künstler und künstlerische Imagination. Vom an-
fänglichen Sturm bis zum zentralen Maskenspiel
der Götter und Schnitter und seinem luftigen
Festmahl: das Stück dreht sich immer wieder um
die Fähigkeit der Kunst, zu bewegen, zu lehren
und zu verwandeln. Das ist allerdings nicht die
ganze Geschichte. In einer der denkwürdigsten
Monologe Shakespeares gesteht Prospero die
Unzulänglichkeit seiner Kunst ein und erkennt,
dass »selbst der große Ball / Ja, was daran
nur Teil hat, untergehn / Und [...] Spurlos ver-
schwinden« wird. Über Jahrhunderte hinweg
wurde Prosperos Wehmut von manchen für
Shakespeares eigene gehalten, *Der Sturm*
gleichsam als Abschied unseres Bühnendichter
vom Theater. Dass Shakespeare fortfahren
würde, Stücke zu schreiben, mag diese Annahme widerlegen oder als Hinweis auf einen
Sinneswandel Shakespeares verstanden werden.

Der Sturm ist sowohl in vielen original-
getreuen Inszenierungen auf die Bühne gebracht
worden als auch in diversen Formen der freien
Interpretation. Die vergangenen Jahrhunderte
waren Zeuge einer Fülle an Bühnenadaptionen,
Opern, Parodien, Ablegern und musikalischen
Spektakeln. In jüngerer Zeit hat das Drama zahl-
reiche Verfilmungen angeregt, darunter Fred
Wilcoxs *Alarm im Weltall* (1956), Derek Jarmans
Der Sturm (1979), Peter Greenaways *Prosperos
Bücher* (1991) und Jim Sheridans *In America*
(2002).

Kirk Melnikoff

APOKRYPHEN

Ein Drama in 30 Sekunden

Unter seinem Namen wurde zu

Lebzeiten Shakespeares eine eigenartige Zahl an Stücken veröffentlicht, die scheinbar nicht seine waren. *Locrine* (1595) wurde als »neu dargelegt, beaufsichtigt und korrigiert von W. S.« herausgeben. *Thomas Lord Cromwell* (1602) und *The Puritan Widow* (1607) werden ebenfalls »W. S.« zugeschrieben. Sein voller Name wird angegeben als Autor von *Der Londoner verlorene Sohn* (1605), *A Yorkshire Tragedy* (1608) und *Perikles, Prinz von Tyrus* (1609). Nach seinem Tod wurde *Sir John Oldcastle*, ursprünglich 1600 anonym publiziert, 1619 unter Shakespeares Namen wieder aufgelegt. All diese Stücke wurden im dritten und vierten Folio aufgenommen (1663/1685), obwohl heute nur *Perikles* als sein Werk angesehen wird (zumindest teilweise). Von den 20 Gedichten, die unter seinem Namen in *Der verliebte Pilger* (1599 und 1612) erschienen, sind nur fünf von ihm; die anderen sind von Thomas Heywood, Richard Barnfield, Christopher Marlowe und Sir Walter Raleigh. Einige glauben, dass Shakespeare bei *Eduard III.* (1595) seine Hand im Spiel hatte und einen Teil von *Sir Thomas More* neu schrieb. *Die beiden edlen Vettern* wurde 1634 als Werk Shakespeares und John Fletchers veröffentlicht, eine Zuschreibung, die gemeinhin akzeptiert wird. Manche Gelehrte haben argumentiert, dass die Manuskripte von *Thomas of Woodstock* (auch bekannt als 1. Teil von *Richard II.*) und *Edmund Ironside* nicht von Shakespeare stammen.

3-SEKUNDEN SPICKZETTEL
Zu Lebzeiten wurden unter Shakespeares Namen Dramen und Gedichte anderer veröffentlicht. Heutige Wissenschaftler versuchen noch immer, den wirklichen Umfang von Shakespeares Werk zu bestimmen.

3-MINUTEN EINWURF
Arden of Faversham, eine anonyme Dichtung in Blankversen, die 1592 erschien, ist zumindest teilweise Shakespeare zugeschrieben worden und zeigt Charaktere wie Black Will, Shakebag und die Ardens. Diese Kombination von Namen scheint auf William Shakespeare hinzuweisen, dessen Mutters Geburtsname Mary Arden war. Das Stück basiert jedoch auf einer wahren Geschichte, nämlich einem Mord, der sich am 14. Februar 1551 in Faversham, Kent ereignete; alle Namen sind authentisch.

30-SEKUNDEN-QUERVERWEIS
ZEITGENÖSSISCHE EINFLÜSSE
Seite 26

MITAUTORSCHAFT
Seite 32

EIN ENTSCHEIDENDES ERBE
Seite 152

3-SEKUNDEN-BIOGRAFIEN
THOMAS HEYWOOD
1570/5–1641
Dramatiker, Dichter und Darsteller

RICHARD BARNFIELD,
1574–1620
Dichter

JOHN FLETCHER
1579–1625
Jakobinischer Dramatiker

30-SEKUNDEN-TEXT
Ros Barber

Shakespeares Name wurde mit mehreren Dramen und Gedichten in Verbindung gebracht, die er nicht schrieb.

FÄLSCHUNGEN

Ein Drama in 30 Sekunden

3-SEKUNDEN SPICKZETTEL
Der deutliche Mangel an persönlichen Schriften von Shakespeare in Verbindung mit seinem Status als literarisches Idol, hat einige spektakuläre Fälschungen nach sich gezogen.

3-MINUTEN EINWURF
Begann die Fälschung Shakespeares 1769 mit David Garricks *Shakespeare Jubilee*? Shakespeares Haus, New Place, wurde 1702 abgerissen und die Neubebauung wurde 1759 ebenso dem Erdboden gleichgemacht, doch örtliche Schnitzer kauften das Holz vom Maulbeerbaum des Gartens, den Shakespeare angeblich selber gepflanzt hatte. Während Garricks *Jubilee* wurden Hunderte von Souvenirs aus Maulbeerbaumholz verkauft; viel mehr als ein einziger Baum ermöglicht hätte. Samuel Ireland selbst besaß einen Pokal aus diesem Holz.

Stratford-Bewohner Mr. Williams

machte sich einen Spaß daraus, Besuchern zu erzählen, er habe einen Stapel Shakespeare-Schriften verbrannt. Als Samuel Irland dies 1795 bei einem Besuch in Stratford hörte, rief er zu seinem Sohn William Henry: »Ich würde die Hälfte meiner kostbaren Bibliothek geben für ein einziges Blatt des großen Dichters.« Wochen später präsentierte ihm sein Sohn einen Beleg, von Shakespeare unterschrieben. Das Papier stammte aus dem 16. Jahrhundert, die Tinte war braun und verblasst. Ein Liebesbrief von Shakespeare an Anne Hathaway. Schriftverkehr mit Elisabeth I folgte. Dann ein handgeschriebenes Manuskript von *König Lear*. Notizen zu *Hamlet*. Und ein brandneues Stück, *Vortigern and Rowena*. Doch William Henry war kein Shakespeare. An *Vortigerns* Premierenabend veröffentlichte Edmund Malone seinen Bericht über die Ireland-Papiere und erklärte sie zu Fälschungen. Siebenundfünfzig Jahre später stellte John Payne Collier, ein anerkannter Shakespeare-Gelehrter, eine verblüffende Entdeckung vor: ein *Zweites Folio* (1632) von Werken Shakespeares, überzogen von tausenden Anmerkungen, die laut Collier das Werk des Autors waren. Nachdem sich alles acht Jahre später als Fälschung entpuppte, wurde nachträglich entdeckt, dass Collier Zeilen und Wörter zu Dutzenden von Dokumenten hinzugefügt hatte. Bis heute sind Wissenschaftler abgeneigt, irgendetwas in Verbindung mit Collier zu vertrauen.

30-SEKUNDEN-QUERVERWEIS
LEBEN & LEGENDE
Seite 16

EIN ENTSCHEIDENDES ERBE
Seite 152

3-SEKUNDEN-BIOGRAFIEN
DAVID GARRICK
1717–1779
Einflussreicher Schauspieler, Dramatiker und Theaterdirektor

WILLIAM HENRY IRELAND
1775–1835
Dichter und Fälscher

JOHN PAYNE COLLIER
1789–1883
Shakespeare-Forscher und Fälscher

30-SEKUNDEN-TEXT
Ros Barber

Shakespeares legendärer Status schuf einen Markt für Fälschungen und fragwürdige Souvenirs.

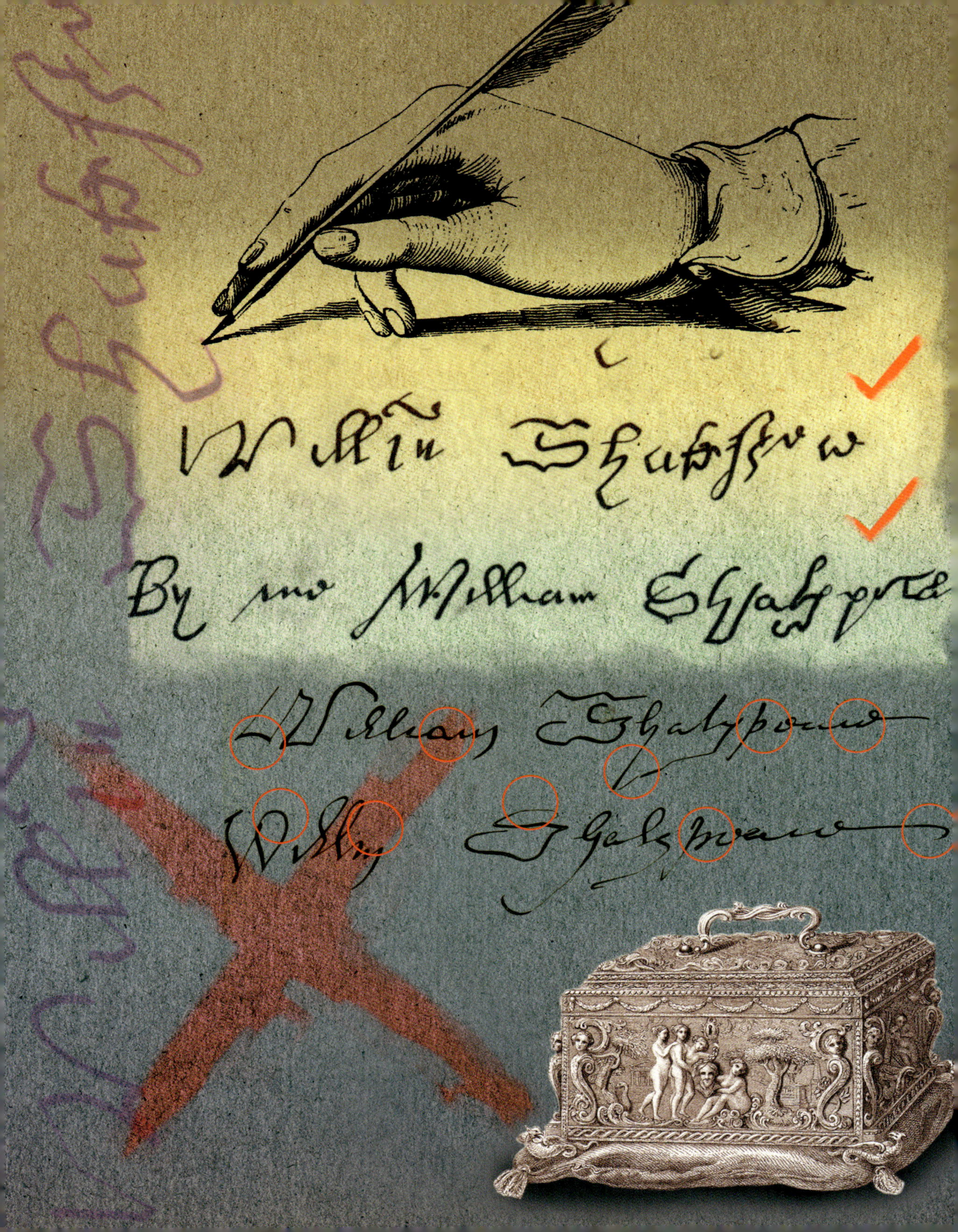

EIN GEWALTIGES ERBE

Ein Drama in 30 Sekunden

Auch wenn er in seiner eigenen

Ära als großer Schriftsteller anerkannt wurde, dauerte es bis zum 18. Jahrhundert, dass Shakespeare langsam als der herausragendste Autor der englischen Sprache hervortrat. Der sehr angesehene Samuel Johnson, Verfasser des ersten umfassenden Wörterbuchs in englischer Sprache, verkündete 1765 in einer Einleitung seiner Werke: »Shakespeare steht über allen Schriftstellern [...], der Poet, der seinen Lesern einen getreuen Spiegel der Gewohnheiten und des Lebens vorhält.« Zum Ende des Jahrhunderts hoben die nachhaltigen Vorträge und Essays Samuel Taylor Coleridges das Ansehen des *Hamlet*, der bis dahin eher verspottet wurde. Die »Bardolatrie« (Vergötterung), die im 18. Jahrhundert begann, wurde so etwas wie eine nationale Religion des 19. Jahrhundert. Und sie sollte sich weiter steigern. 2011 erklärte der amerikanische Kritiker Harold Bloom: »Shakespeare ist Gott.« Der Mann selbst bleibt ein Mysterium; wir haben keine Kenntnisse über seine Eigenschaften und die Lebensumstände, die ihn prägten und damit so viele Aspekte der westlichen Kultur – und unsere Sprache – geformt haben. Ist dieses Mysterium Teil seiner Langlebigkeit? Fay Weldon hat gesagt, sollte sie Shakespeares Tagebuch finden, würde sie es verbrennen. In 400 Jahren ist Shakespeare zu dem Schriftsteller geworden, von dem jeder gehört hat, aber niemand etwas weiß. »Senk' meinen Namen mit dem Leib in Erde«? Wohl kaum.

3-SEKUNDEN SPICKZETTEL
Während seiner 400-jährigen Wallfahrt vom Sterblichen zum Gott ist Shakespeares Genie scheinbar unerreicht geblieben. Wieso eigentlich?

3-MINUTEN EINWURF
In welchem Maße beruht Shakespeares Ansehen auf der Veröffentlichung des ersten Folios von 1623? In seinem Vorwort nennt ihn Ben Johnson »Stern der Poeten« und »Seele der Generation!«, einen »für alle Zeiten«. Achtzehn der 36 Stücke im ersten Folio waren zuvor nicht veröffentlicht worden und wären sonst vielleicht verloren gegangen. Niemand weiß, wer diesen stattlichen Band finanziert – oder das benötigte Material gesammelt – hat, doch wir sind ihm zu unendlichem Dank verpflichtet.

30-SEKUNDEN-QUERVERWEIS
LEBEN & LEGENDE
Seite 16

EINFLUSS
Seite 144

APOKRYPHEN
Seite 148

FÄLSCHUNGEN
Seite 150

3-SEKUNDEN-BIOGRAFIEN
BEN JONSON
1572–1637
Dichter, Dramatiker und Literaturkritiker

SAMUEL JOHNSON
1709–1784
Literaturkritiker, Herausgeber, Biograf und Essayist

HAROLD BLOOM
*1930
Literaturkritiker

30-SEKUNDEN-TEXT
Ros Barber

William Shakespeare wird heute so verehrt, dass er zu einer Art literarischer Gott geworden ist.

QUELLEN

BÜCHER

Dating Shakespeare's Plays:
A Critical Review of the Evidence
Kevin Gilvary
(Parapress, 2010)

English Renaissance Drama
Peter Womack
(Blackwell, 2006)

The First Two Quartos of Hamlet: A New
View of the Origins and
Relationship of the Texts
Margrethe Jolly
(McFarland, 2014)

Shakespeare: The World as a Stage
Bill Bryson
(HarperCollins, 2007)

Shakespeare, Co-Author: A Historical
Study of Five Collaborative Plays
Brian Vickers
(Oxford University Press, 2004)

Shakespeare as Literary Dramatist
Lukas Erne
(Cambridge University Press, 2005)

The Shakespearean Stage 1574–1642
Andrew Gurr
(Cambridge University Press, 1992)

Shakespeare's Sonnets
Katherine Duncan-Jones
(Arden Shakespeare, 1997)

Shakespeare's Unorthodox Biography:
New Evidence of an Authorship Problem
Diana Price
(Greenwood Press, 2000)

The Truth about William Shakespeare:
Fact, Fiction and Modern Biographies
David Ellis
(Edinburgh University Press, 2012)

Ungentle Shakespeare: Scenes from His
Life
Katherine Duncan-Jones
(Arden Shakespeare, 2001)

Who Wrote Shakespeare?
John Michell
(Thames & Hudson Ltd, 1996)

Will In the World: How Shakespeare
Became Shakespeare
Stephen Greenblatt
(Bodley Head, 2014)

William Shakespeare: A Documentary Life
Samuel Schoenbaum
(Oxford University Press, 1975)

INTERNETSEITEN

deep.sas.upenn.edu
Datenbank früher englischer
Theatermanuskripte.

doubtaboutwill.org
Internetseite von The Shakespeare
Authorship Coalition, die Bewusstsein
schaffen will für die Zweifel an der
Identität William Shakespeares.

first folio.bodleian.ox.ac.uk
Das erste Folio online.

folger.edu
Die Internetseite der Folger Shakespeare
Library.

luminarium.org
Eine nützliche Quelle für Literatur der
englischen Renaissance.

mapoflondon.uvic.ca
Karte des Londons der frühen Neuzeit.

opensourceshakespeare.org
rhymezone.com/shakespeare
Die kompletten Werke Shakespeares online
(durchsuchbar).

quartos.org
Das Shakespeare Quartos Archiv.

shakespeareauthorship.com
Internetseite, die die These unterstützt,
dass Shakespeare auch Shakespeare
geschrieben hat.

shakespeare-online.com
shakespeares-sonnets.com
Online Arbeitshilfen für Shakespeares
Gedichte und Sonette.

HERAUSGEBERIN

Ros Barber ist Dozentin für *Creative and Life Writing* am Goldsmiths College, University of London, eine wissenschaftliche Gastdozentin an der University of Sussex und Forschungsleiter beim Shakespearean Authorship Trust. Ihre Artikel zu Shakespeare und seinem Zeitgenossen Christopher Marlowe sind sowohl in wissenschaftlichen Zeitschriften als auch in reguläreren Publikationen veröffentlicht worden. Sie ist Autorin des Versromans *The Marlowe Papers*, herausgegeben bei Sceptre (2012) in GB und St. Martin's Press (2013) in den USA, der vollständig in Shakespearischem Blankvers geschrieben ist.

VORWORT

Mark Rylance ist Schauspieler. Er war zehn Jahre lang künstlerischer Leiter am *Globe Theatre* und ist Kurator des Shakespearean Authorship Trust und Honorary Bencher der Middle Temple Hall. Er ist Autor des Theaterstücks *I Am Shakespeare*.

MITWIRKENDE

Jessica Dyson, Lektorin für Englische Literatur an der University of Portsmouth, hat sich auf Dramen der frühen Neuzeit spezialisiert. Sie hat über das Verhältnis von Recht und Macht im Theaterbetrieb zur Zeit Karls I. gearbeitet. Gegenwärtig beschäftigt sie sich mit dem Wechselverhältnis von Wahnsinn und Recht in den Dramen der frühen Neuzeit.

Andrew James Hartley (Robinson Professor für Shakespeare Studien an der University of North Carolina, Charlotte) ist Theaterwissenschaftler und -schaffender. Seine Veröffentlichungen über Shakespeare umfassen Bücher zur Dramaturgie, zur Aufführungsgeschichte von *Julius Cäsar*, zum politischen Theater und zu akademischen Inszenierungen. Als A. J. Hartley (www.ajhartley.net) ist er auch Bestseller-Autor von Romanen.

Margrethe Jolly ist eine College-Dozentin für Englische Literatur und Sprache und mittlerweile unabhängige Forscherin. Sie ist Autorin von *The First Two Quartos of Hamlet*, in dem sie untersucht, welches *Hamlet*-Quart zuerst geschrieben wurde.

Claire van Kampen war stellvertretende künstlerische Leiterin am *Globe Theatre* in London seit seiner Eröffnung 1997 und Gründungsdirektorin von *Theatre Music*. Sie hat die Musik zu mehr als 50 Produktionen des *Globe*

Theatres geschrieben und zudem für Film und Fernsehen komponiert, darunter für BBCs *Wolf Hall* (2015). Sie ist seit 2007 *Globe Associate* für Musik der frühen Neuzeit und doziert über historische Musik an der Globe-Fakultät. Dort komponiert sie weiterhin, ebenso wie für andere Produktionen am Broadway und in Londons West End.

Kirk Melnikoff ist Lehrbeauftragter am Englischen Institut der University of North Carolina, Charlotte. Er hat zwei Sammlungen herausgegeben – *Writing Robert Greene* (Ashgate, 2008) und *Robert Greene* (Ashgate, 2011) –, und seine kritischen Beiträge sind in vielen Zeitschriften und Aufsatzsammlungen vertreten. Momentan arbeitet er über *Edward II: A Critical Reader for Arden* und beendet eine Monografie mit dem Titel *Elizabethan Book Trade Publishing and the Endeavors of Literary Culture*.

Lynn Robson ist Dozentin für neuzeitliche Literatur am Regent's Park College der University of Oxford. Sie hat Artikel zu volkstümlichen Mördergeschichten des 16. und 17. Jahrhunderts veröffentlicht und schreibt derzeit über die Bedeutung des Niederkniens in Shakespeares Dramen.

Lee Joseph Rooney ist Doktorand an der University of Liverpool und befasst sich in seiner Diplomarbeit mit Weissagungen in Shakespeares Historiendramen.

Earl Showerman ist pensionierter Mediziner und unabhängiger Wissenschaftler, der eine Reihe anerkannter Artikel veröffentlicht hat zu Shakespeares Nutzung antiker griechischer Quellen in *Hamlet*, *Macbeth*, *Timon von Athen*, *Das Wintermärchen*, *Viel Lärm um nichts* und *Ein Sommernachtstraum*. Sein Artikel »How Did Shakespeare Learn the Art of Medicine?« war jüngst in einer Sammlung von Essays, *Shakespeare Beyond Doubt?* enthalten. Er lehrt derzeit Shakespeare studies am Osher Lifelong Learning Institute der Southern Oregon University.

Robin Williams erhielt ihren Doktortitel von der Brunel University, London, und konzentriert sich auf eine Wiederbelebung der Tradition, Shakespeare laut vorzulesen. Sie veröffentlicht zweimonatlich *The Shakespeare Papers* und entwickelt momentan eine Reihe von Shakespeare-Stücken, die speziell für die Lesekreise von Erwachsenen bearbeitet und entworfen wurden.

INDEX

DANKSAGUNG

BILDNACHWEISE
Der Verlag möchte gerne folgenden Personen und
Organisationen für ihre freundliche Genehmigung
zum Abdruck folgender Bilder in diesem Buch
danken. Alle Anstrengungen wurden unternommen,
entsprechende Bildrechte einzuholen; für mögliche
Versäumnisse entschuldigen wir uns.

Fotolia: 61L.
Getty Images: /Heritage Images: 72L; /Hulton Archive /
Stringer: 31 (fourth from left).
iStock: 11, 133T, 27TR, 31 (third & fifth from left), 33BL&BR,
58R, 73R.
**Library of Congress Prints and Photographs Division
Washington, D.C.**: 47L, 49BR, 123C, 143 background,
145BL&TC.
Rex Features: Moviestore Collection/REX: 143 C&R.
Shutterstock, Inc./www.shutterstock.com: Front cover, 2,
7, 17B&T, 19 Hintergrund, 21C, 25L&R,
31T, 31B first & second from left, 39R, 41 Hauptbild &
Hintergrund, 47C, 53 Hintergrund, 61R,
67T, 69B, 69T, 81 Hintergrund, 83BL, 83TL,
85T&BR, 93B & Hintergrund, 119T & Hintergrund, 139B, 141,
145BC, 153.
Thinkstock: 19L&R, 39L.
Wellcome Library London: 131 Hauptbild & BC.

DANKSAGUNG
Ich würde gerne Caroline Earle und Jacqui Sayers
von Ivy Press dafür danken, dass sie mich gebeten
haben, dieses Buch zu verfassen. Ich danke ihnen
für ihre unermüdliche Unterstützung, während ich
genau dies tat. Ein großer Dank geht an Bill Leahy,
der mich als Herausgeber empfahl, an Jane Roe, die
geduldig den Text lektorierte, und an Tom Kitch, der
sich um das Geschäftliche kümmerte. Besonders
aber möchte ich allen Mitwirkenden danken für
ihre rechtzeitigen und treffenden Beiträge – es
ist eine beachtliche Leistung, in 300 Wörtern
Themen zusammenzufassen, über die ganze Bücher
geschrieben wurden – und für ihre nachsichtige
Einbindung meiner editorischen Vorschläge. Und so
schließe ich mit dem Shakespeare-Zitat: »things won
are done, joy's soul lies in doing.«